Le jour d'après

Philippe de Villiers

Le jour d'après

Albin Michel

« Nous sommes devenus une nation de *soixante-six millions de procureurs.* »

Emmanuel Macron, le 21 janvier 2021

Apologue

L'audience est ouverte...

C'est le moment de requérir...

Les « soixante-six millions de procureurs », ainsi désignés le 21 janvier 2021 par le président du Conseil supérieur de la magistrature, ont pris place dans le prétoire – bien trop exigu pour une distanciation prophylactique conforme aux canons de l'État de droit sanitaire.

D'un seul bond, ils se lèvent pour se constituer statutairement en « magistrature debout ». Ils fixent dans les yeux, à leur banc d'infamie, les gouvernants.

Les dépositions se suivent et se ressemblent. Elles sont dignes, redondantes, éreintantes.

Sont appelés à la barre les deux accusés.

Le premier, nommé Macron Emmanuel, doit répondre de plusieurs chefs d'accusation. Il lui est reproché d'avoir enfermé tout un peuple pendant des mois et d'avoir abusivement présenté le confinement général comme un remède, alors même qu'on sait maintenant qu'il ne fut qu'un *placebo*. Jugé peu efficace contre le fameux Covid, ainsi que le confirment plusieurs études scientifiques incontestées[1], le confinement de masse aura été une arme d'autodestruction massive. Il aura consisté à rajouter un couvert, à la table de famille, pour le virus ou un vague cousin variant, venu d'Afrique du Sud et qui « n'a pas de passeport ».

Un médecin de campagne à la veste de velours râpé est venu à la barre pour témoigner : « Même si le confinement de tout un peuple avait pu être un médicament, nous autres, les médecins de famille, nous aurions cessé depuis longtemps de le prescrire à cause des *effets secondaires.* »

Le prévenu est accusé d'avoir mis le feu à la maison pour tenter de se débarrasser d'une guêpe. Il doit répondre également de l'incrimination d'avoir transmis et fait voter les pleins pouvoirs, le 13 mars 2020, au Maréchal Delfraissy, qui a fait don de sa suffisance à la France.

Mais la charge la plus lourde qui pèse sur l'accusé Macron tient à la publication de son décret du printemps 2020, mettant le pays sous occupation numérique et partageant arbitrairement les Français en deux catégories distinctes, avec une liberté enviable pour les « *essentiels* » – les hérauts du virtuel encaisseurs de rente – et un statut discriminatoire pour les « *non-essentiels* » – les

1. Pr Anna Petherick *et al.*, « Oxford Covid-19 government response tracker », Blatvanik School of Government, 2020 ; Pr Jan Brauner *et al.*, « Inferring the effectiveness of government interventions against Covid-19 », *Science*, 15 décembre 2020 ; Pr de la Rochelambert *et al.*, « Covid-19 mortality : A matter of vulnerability among nations facing limited margins of acceptation », *Frontiers in Public Health*, 19 novembre 2020 ; Pr John Ioannidi *et al.*, « Assessing mandatory stay-at-home and business closure effects on the spread of Covid-19 », *European Journal of Clinical Investigation*, 5 janvier 2021.

métiers de la main et du cœur –, condamnés au rideau de fer. Cette inégalité de traitement, fondée sur un tri eugénique, a été qualifiée par les « soixante-six millions de procureurs » – dont trois millions de faillis, des milliers d'étudiants réduits à la soupe populaire et à un diplôme illusoire –, de préfiguration expérimentale de la société post-humaniste où les uns rejoindraient une hyperclasse qui aurait le droit de vivre, et où la masse des autres serait réduite à des fonctions utilitaires. La révolution des élites globalisées annonce à l'humanité des lendemains technologiques chantants, où régnera leur haute vision du Bien total. Déjà très appauvries par la mondialisation du libre-échange des dernières décennies, les classes moyennes seraient définitivement condamnées par la « globalisation 4.0 ».

Le ton des réquisitions est vif sans être excessif. Les images fusent : « On nous a infligé un supplice chinois. Nous avons tourné comme des hamsters dans une roue à aubes sans savoir pourquoi. Notre vie fut réduite aux fonctions animales. Le choix n'était plus qu'entre les fournitures ventreuses et la digitalisation de l'esprit. »

Plusieurs procureurs – historiens de métier, échappés de l'Éducation nationale – rappellent qu'en 1943 les ministres anglais proposèrent à Churchill de sabrer les crédits de la culture pour soutenir l'effort de guerre. Ce dernier jeta son cigare et répondit, courroucé : « Mais, alors, pourquoi nous battons-nous ? »

Un friselis parcourt les échines. On entend courir, dans les travées, soixante-six millions de murmures en cascade : « Oui, pour quoi et pour qui se battent-ils ? Pour nous ? Ou pour autre chose ? »

Vient le tour de l'autre accusé, Castex Jean. Il décline longuement son identité, sans grand relief : Prades…

l'ENA... déconfineur... reconfineur... Il doit répondre de ses actes en tant que chef de l'Absurdistan. Il a l'accent en bandoulière, un teint de papier mâché – normal pour un homme de dossiers –, et des airs de chef du service des cartes grises à la sous-préfecture de Brive-la-Gaillarde. L'interrogatoire porte sur des sujets secondaires, comme la fermeture des pistes de ski. L'accusé, maladroit, croit devoir, pour se justifier, citer Laspalès : « Y en a qui ont essayé les remontées mécaniques... ils ont eu des problèmes... »

Les soixante-six millions de procureurs qui semblent, en cet instant, ne plus former qu'un seul corps de nation, tremblent encore de tous leurs membres pendant l'audience. Depuis des mois et des mois, réduits à l'apéro hydroalcoolique, ils ont vécu dans l'anxiété des bandes passantes de l'infodémie en continu.

Un procureur de Vendée va bientôt se faire remarquer par ses réquisitions, plutôt tournées vers la toge. Il s'adresse aux soixante-six millions de confrères, qui ont le doigt sur le nez et remontent le masque, encore nourris de la crainte des prochains variants, patagon et poldave : « Mes chers confrères, il ne faut pas céder à l'épouvante. Ce gouvernement impuissant n'a plus que la peur pour se faire entendre. Il instille l'effroi. La seule politique qui reste, dans notre pays, est celle du *trouillomètre* universel... »

Entre les vivants et les morts, on ne gouverne plus que des morts-vivants. Tout le monde a peur. Les Français ont peur parce qu'il n'y a plus que la santé physique qui les rattache à la vie. Nos gouvernants eux-mêmes vivent dans la peur, car ils gèrent leur risque pénal. Si vous êtes ministre et que vos décisions provoquent la mort certaine d'un entrepreneur et de centaines d'emplois, on ne vous en tient pas rigueur, il n'y a aucune sanction pénale. Mais si la famille d'un mort du Covid peut démontrer un lien de causalité avec la gestion de l'épidémie, le virus procédurier met en branle les cours de justice. Voilà pourquoi la précautionnite abusive, en vérité moins sanitaire que judiciaire, supprime tout à la fois l'économie, les libertés, la vie : l'homme politique moderne tremble désormais pour les lits d'hôpitaux dont il n'a cessé depuis des années de voir stagner le nombre pour satisfaire à d'obscurs critères budgétaires, mais il n'a aucun compte à rendre pour la destruction de la santé morale, physique et bientôt psychique de tout un peuple.

L'État est dévoyé : des juges – nos collègues de l'instruction – font des perquisitions, à six heures du matin, chez l'ancien Premier ministre parce qu'ils veulent accrocher des hommes politiques au tableau de chasse de leur syndicat. Nous vivons au rythme des *Riches Heures* du « Mur des Cons ». C'est leur passe-temps favori : se payer les puissants. On comprend que, dans la bouche du Président, le mot « procureur » soit venu naturellement. Ils ne parlent que de cela entre eux. Ils sont hantés par l'arrivée des juges. Il faut dire que ces derniers sont devenus plus puissants encore que les Parlements d'Ancien Régime… Raison pour laquelle tout se passe au Conseil de défense, où les décisions prises sous l'autorité du Président sont placées sous son dôme immunitaire.

Finalement, cette pantomime ressemble à un jeu de vibrions. Tout le monde court après tout le monde… la peur au ventre. Les juges courent après les hommes politiques qui, eux-mêmes, courent après les scientifiques, qui courent après les laboratoires, qui courent après la Bourse. La meilleure manière d'obtenir une obéissance d'assentiment, c'est de répandre la panique. Quand on fait croire à un peuple qu'il va mourir, on peut tout obtenir de lui. Quand ce n'est pas la peur qui commande, c'est le mensonge.

Lorsque Emmanuel Macron a parlé de « 400 000 morts à venir », c'était une *fequeniouze*, comme ils disent. Lorsqu'il a expliqué sans rire : « Le virus n'a pas de passeport », il a raté la marche. On a fini par fermer les frontières. Nous vivons dans une nouvelle alternance, l'alternance de la peur et du mensonge. Emmanuel Macron a appliqué l'impératif catégorique : « Il faut sauver le soldat Schengen », le chef de l'État a fait ainsi le choix de la frontière domestique sur la frontière nationale. Il a choisi l'idéologie plutôt que le réel. Il aura fallu un an pour rétablir le confinement extérieur. Trop tard. On a laissé entrer les variants depuis le Royaume-Uni et le Mozambique.

Le confinement intérieur, généralisé, aveugle, fut une grave erreur. Il eût fallu, dès le début, un confinement extérieur, frontalier et un confinement ciblé sur les publics à risque. Les chiffres montrent que la proportion des morts – hors le grand âge et les comorbidités – est infime. On a chargé l'addition : beaucoup de morts du Covid ne sont pas des morts du Covid, mais on les a inscrits, pour faire peur aux Français, comme morts du Covid. Jusqu'à ce pauvre Giscard qui n'a pas dû en revenir. Le confinement généralisé ne se justifiait pas. La preuve ? On s'y est essayé à plusieurs reprises. Si c'était efficace, on n'aurait pas eu besoin de recommencer...

En un an, on a eu le même tango chaloupé des blouses blanches qui voulaient toujours aller plus vite que la musique : on confine, on déconfine et on reconfine... Un couvre-feu... deux couvre-feux. Messieurs les jurés, que diriez-vous d'un chirurgien qui vous convoquerait au bloc, sur le billard, tous les trois mois, pour recommencer la même opération, et qui vous ouvrirait le ventre à peine recousu à trois ou quatre reprises ? « Dehors, l'interne ! »

L'accusé Macron pourrait être condamné à l'exil dans les Alpes suisses, sur la montagne magique de Davos. Ses avocats excipent de son irresponsabilité pénale. Et ils font valoir qu'en une ou deux occasions, l'accusé a désobéi aux scientifiques. La sanction sera donc symbolique.

Quant au prévenu Castex, il devra sans doute purger une peine de travaux d'intérêt général, comme réparateur des tire-fesses dans une station de ski des Pyrénées.

La page sera vite tournée. L'ambre solaire aura tôt fait de remplacer les huiles immunogènes. Les Français sont indulgents, trop légers pour tenir leur rancune.

Le procès s'éloigne des humeurs publiques. Malgré tout, plus rien n'est comme avant. Il fallait s'y attendre : il y a toujours un risque à gratifier d'un emploi qui n'est pas le sien un « Gaulois réfractaire ». Le risque, c'est qu'une fois promu et entré dans la toge, il manifeste la volonté d'y demeurer.

Emmanuel Macron – c'est le sens de cet apologue nourri de sa métaphore prétorienne – a réinventé les « tribuns de la plèbe » de la Rome antique – la plèbe des mutants de Panurge.

La souveraineté toute neuve leur est apparue, au fil des audiences, *naturelle*, comme allant de soi. Les procureurs ont décidé de ne plus quitter l'hermine. Ils jugent les politiques au nom du peuple ; coup de chance, ils sont le peuple. Un peuple formidablement divers, pour ne pas dire divisé dans ses croyances, ses opinions, ses appétences, mais capable de sursauts collectifs salutaires lorsqu'il pressent, souvent très tard, que l'essentiel est menacé, lorsque l'objecteur de conscience qui sommeillait se réveille enfin, se dresse contre les marchands de servitude.

Retour à la raison : tel est l'enjeu des choix que nous avons à opérer dans les mois qui viennent, avant que ne soit mécaniquement franchi un point de non-retour. L'enjeu d'une sombre époque dans laquelle nous a plongés non pas le virus lui-même mais le décalage insensé de la réponse collective, sanitaire et politique qui a réussi l'exploit de tout souffler à des milliers de kilomètres à la ronde, sauf ce coronavirus... C'est l'enjeu de ce livre. J'ai souhaité publier les pièces à charge pour concourir à la recherche de la vérité sur tout ce qui se passe et qui nous dépasse.

Bien sûr, il faut faire la part de ce qui relève des défaillances et de l'amateurisme – nous sommes gouvernés par la Septième Compagnie –, mais cette imputation ne suffit pas à trouver les clés.

Pendant les débats, la surprise aura été de rencontrer des Français qui semblaient contents de leur sort. Au point de se retourner contre la salle : procureurs contre citoyens. Ils ont requis les circonstances atténuantes, au motif que nos compatriotes n'ont pas toujours appliqué les recommandations du docteur Véran, le « Ministre de la Vérité » d'Orwell. Le tableau des suspects épinglés s'est allongé chaque jour. Il a fallu verbaliser... Tel d'entre nous est allé embrasser sa grand-mère. Telle mère a entrepris de sourire sans masque à son bébé. Antigone a invité trop de monde à l'enterrement de son frère. Tel autre, revenant du bout du monde – le navigateur Jean Le Cam –, finissant son Vendée Globe, a bravé l'interdiction du préfet d'entrer dans le chenal après 18 heures, en plein couvre-feu.

Selon la parole officielle, c'est donc l'indiscipline des Français qui nous a valu tous ces déboires. Le ci-devant réflexe tenace d'aller vers l'autre. Un vieux tic, une vieille habitude, depuis Lascaux. Les forces de l'ordre ont échoué à ramener toute l'hommerie dans les clous, c'est-à-dire dans la grotte.

Beaucoup d'entre nous n'ont pas saisi le sens profond de l'allitération d'Emmanuel Macron, répétant la phrase de Clemenceau : « Politique intérieure : je fais la guerre !.... Politique extérieure : je fais encore la guerre ! » Ces Français-là, imprégnés de l'œuvre de Maurice Genevoix, trop attentifs à l'entrée de ce dernier au Panthéon, ont compris à l'envers l'exhortation du chef des armées. Il n'a pas dit : « Sortez de vos tranchées. » Il a dit : « Planquez-vous ! » On imagine Genevoix, la seringue à la main, s'adressant aux poilus : « Allez les petits ! Crosse en l'air. Si tous les gars du monde voulaient se laver les mains… » Drôle de guerre… Drôle d'époque… Le courage et les vertus civiques ont muté. Dans mon journal[1], je découvre ce matin – cela ne s'invente pas – une page entière de publicité à l'en-tête du gouvernement : on y voit un jeune cadre devant son ordinateur, ébouriffé, tendu et concentré, comme si on était à Verdun. Le texte, à connotation parodique, est désopilant de mauvais goût : « Enfiler un *uniforme* n'est pas toujours nécessaire pour être un *héros*. Face au virus, chaque geste compte. » Sous le bol de tisane et près du verre de limonade, se détache l'ordre du jour de la nouvelle guerre : « Tenir Ensemble. » Mes deux grands-

---

1. *Ouest France*, 15 février 2021.

pères, héros des tranchées, doivent se retourner dans leur tombe en entendant cet appel à garder la chambre.

Nos chefs de guerre ont imposé aux petits-fils de ceux de 14 un idéal inversé : la planque perpétuelle, la casemate sous perfusion. On n'a plus besoin de construire une ligne Maginot. Elle passe à l'intérieur de chacun. Il n'y a plus qu'à supplier les variants de ne pas avoir la mauvaise idée de la contourner.

Je subodore, depuis le début de la crise, que le discours officiel n'est pas d'une transparence de nature à décourager l'envie d'aller voir plus loin, de sortir de la casemate, en quelque sorte. Aussi mon instinct m'a-t-il poussé à aller voir de l'autre côté du décor, pour chercher une explication au-delà des apparences et des paroles convenues.

I

L'envers du décor

Autant le dire franchement : ce livre n'est pas à mettre entre toutes les mains. J'ai choisi mes lecteurs. Je n'écris pas pour ceux qui sont dans la bonaise, pour ceux qui ont tout accepté, et dont les ressources de patience sont à peine entamées.

Ceux-là, bien souvent, se sont laissé gâter la truffe ; le maternage les a reconformés. Ils ont du mal à sortir de leur nouvel état. Confits, confinés. J'en ai même rencontré qui se demandaient ce qu'ils allaient devenir après la levée d'écrou si, un jour, par extraordinaire, on en venait à nous obliger à sortir sans attestation à la main. La peur du vertige… le syndrome de Stockholm.

Je n'écris pas non plus pour leurs collatéraux, les ravis du sourire déchu, qui vivent leur vie masquée comme un carnaval heureux – les sans-lèvres et les sans-expression –, festifs du bâillon, Vénitiens du pauvre, qui ont mis leur âme en quarantaine et transformé leur salle de séjour en petit lazaret.

Je n'écris pas pour les reclus de l'antisepsie, qui mettent leur courrier au four avant de le décacheter, qui se lavent les mains trois fois par jour parce que notre

Président l'a demandé à la télévision. Ces robinets d'eau tiède guettent sur leur smartphone l'arrivée du prochain variant. Ceux-là sont déjà mentalement disposés à franchir le cran d'après, à passer du masque au tuba et à troquer le baiser du lépreux contre celui du scaphandre.

Je ne m'adresse pas non plus aux dignitaires progressistes – les tenants du nouveau régime hygiéniste –, qui entretiennent, entre les plantes de leurs balcons rebondis, leurs pensées digitales et prennent soin, à toute heure, de filtrer leurs émotions pour mieux respirer l'air ambiant de la médiacratie de connivence.

Je n'ai rien à dire non plus aux lecteurs dociles et assidus qui boivent des yeux les panneaux publicitaires où s'étalent les prudhommeries du croquemort Salomon, comme cet appel comminatoire aux prudences domiciliaires, affiché sur les écrans :

« Si vous voulez montrer à vos proches
Que vous les aimez
De tendresse et d'affection,
Tenez-les toujours à distance,
Ne les embrassez jamais… »

Le plus bel oxymore de l'histoire des charités élémentaires de la civilisation…

Non, je n'écris pas pour tous ces gens qui sont devenus des atomes en suspension. Ils ont perdu l'autonomie, le discernement, le jugement… Ils sont devenus des hommes-robots, prêts pour le contrôle total. Ce n'est pas à eux que je pense en laissant courir ma plume…

C'est pour *les autres* que j'écris. Ceux qui ne sont pas contents. Et qui n'ont rien dit et qui ne diront rien mais qui n'en pensent pas moins. Ils tiennent à leur libre arbitre. Ce sont de ces procureurs-lecteurs que j'ai en quelque sorte recueilli la procuration virtuelle. J'ai imaginé qu'ils m'avaient engagé pour parler à leur place. Parce qu'ils savent ce qu'il leur en coûterait de prononcer les mots qui fâchent. Sous le masque, on ne pouvait pas deviner qu'ils faisaient la moue. On les croyait à tort résignés...

S'ils ne disent rien, c'est qu'ils n'osent pas douter ou ronchonner à visage découvert. De quoi ont-ils peur ? D'être suspectés – pour une seule remarque, une seule critique, une seule question – et traités de « complotistes » par les petits kapos du meilleur des mondes. Alors ils se taisent. « Complotistes », ils ne le sont pas, ils ne l'ont jamais été. C'est pour eux que j'écris. Pour remplir l'office de porte-parole de tous ces gens qui pensent ce qu'ils pensent et qui ne parlent pas.

Ma vie passée de lanceur d'alerte à contre-courant, qui pratiquait, comme le saumon, la remontée des échelles de la Loire en hiver, m'a donné à braver les anathèmes et à vivre l'expérience de la disqualification par les jets d'encre et d'acides qui vous brûlent de leurs tatouages de honte, sous le regard de toute l'agora complaisante.

Quand j'avais vingt ans, à Paris, à Sciences-Po, l'anathème en vogue, c'était l'accusation de « fascisme ». Pour peu qu'on eût avoué son penchant pour la Loi et l'Ordre ou qu'on en vînt à confesser quelques ferveurs pour les patries charnelles, on entendait monter la rumeur dans le hall aux portes tambours de la rue Saint-Guillaume, qui battaient aux vents de l'ostracisme : « Prenez garde à ce type, c'est un *fasciste* ! »

Même si on était trop jeune pour l'avoir jamais été, le soupçon suffisait à vous confondre : vous l'étiez *forcément*, par la contamination virale des mots interdits en place publique...

Plus tard, au moment du débat référendaire sur le traité de Maastricht, l'anathème muta. Comme le variant perfide de la vieille Albion. Pasqua, Seguin, Chevènement et moi étions désormais accusés par Delors et les autres ouiouistes de « conspirationnisme ». Nous étions des « conspirateurs ». Rien de moins. Des porteurs asymptomatiques du ranci français. Je crois que c'est Minc qui prononça, au nom du camp du Bien, les mots de la proscription : « Vous, les tenants de la souveraineté nationale, vous êtes *sortis du cercle de la raison.* » On réclamait la mise au ban de ces « maniaques des frontières », de ces évadés de l'ordre marchand qui puaient le renfermé, de ces amateurs de binious et de saucisson corse.

La psychiatrisation de celui qui ne pense pas comme les archontes du pouvoir en place ne date pas d'hier. Elle est dans l'ADN de toute tentation autocratique et liberticide.

Le soupçon de « conspirationnisme » perdit sa consistance lorsque le peuple vota non à la « Constitution européenne » en 2005. Il fallut inventer autre chose pour fixer l'adversaire et le plaquer au sol.

C'est alors que l'arsenal du bannissement sémantique se renouvela. Si on approuvait les Anglais sur le départ et qu'on y ajoutait un brin de compréhension pour les réticences hongroises face à l'invasion migratoire, en 2015, on relevait, dans l'esprit public, d'une nouvelle relégation, on était un « populiste ».

Emmanuel Macron en fit son miel. Il se précipita

pour dénoncer ce qu'il appela « le nouveau mal, la lèpre populiste ». C'était le virus avant le virus. Il était recommandé de faire sonner les crécelles dans les studios, à l'approche des « lépreux », porteurs virulents du *virus populiste* contaminant. Qu'était-ce donc qu'un « populiste » ? Quelqu'un qui était contre les élites et qui cédait aux « pulsions populaires dans ce qu'elles ont de plus charnellement vulgaire ».

Le mot n'a pas suffi à tuer la chose. Il s'est usé très vite. On l'a évacué sur une civière à la suite du Brexit. Il semblait trop difficile de demander à l'Angleterre de changer de peuple, de changer d'île. Alors on sortit des forges de l'enfer, vomi par la Bête immonde, le « complotisme », le nouveau mal monstrueux qui crache des *fake news* de lave brûlante.

Le complotisme, c'est l'altération des sens de celui qui en vient à penser qu'il n'y a pas de hasard. Le mot a pris son envol, il éclabousse de sa santé douteuse tout le débat. De sa lumière crue, il immobilise tous les lapins dans les phares. Un seul pas de côté, un froncement de sourcils, et vous voilà braqué, repéré, dénoncé, anglicisé, convaincu de fabriquer de la poudre salpêtrée de fausses nouvelles. En réalité, le complotisme est souvent le lot de ceux qui imaginent des choses parce qu'ils ne savent pas. Ils sont dans l'ignorance, alors ils échafaudent…

Je le dis d'emblée, ce n'est pas mon cas. Moi, je sais. Et donc je ne suis pas « complotiste ». Question de tempérament et aussi d'expérience. Je crois à la force des idées plutôt qu'aux menées secrètes. J'ai compris, depuis longtemps, que les apparences du complot ne dissimulent, le plus souvent, qu'un entre-soi, une manière de penser à l'identique, à distance, quand on appartient au même monde et qu'on a les mêmes inclinations.

Mais j'en suis venu à me méfier de tous les censeurs qui brandissent l'étiquette infamante à tout bout de champ et qui voient partout, pour les désigner au pilori, des dénonciateurs de machinations.

Que cherchent-ils à cacher de leurs intentions ou de leurs protections ? Je connais trop les rouages de l'État, ses pesanteurs et ses coulisses pour voir des complots partout. J'ai vu de près s'agiter les petits trafiquants de tuyaux crevés, les bricoleurs de nouvelles avariées, arrangées à la sauce du bar-tabac. J'ai parfois deviné l'ombre des initiés, des tabliers, des dignités secrètes, j'ai vu se dessiner les cercles d'actions discrètes. J'ai même croisé de belles âmes perchées qui avaient des plans sur la comète. La politique et aujourd'hui les réseaux sociaux sont les milieux d'aisances de la manigance des intrigants et des bonimenteurs de fin du monde. Mais il faut savoir trier et ne jamais céder aux échauffements de l'esprit de cabale.

La vraie conspiration n'est peut-être pas là où on la cherche. Bernanos eut, en ce sens, une parole prophétique sur nos décrépitudes : « On ne comprend absolument rien à la civilisation moderne si l'on n'admet pas qu'elle est d'abord une *conspiration universelle* contre toute espèce de vie intérieure[1]. » Cette conspiration-là, celle de l'esprit mécanicien contre l'intériorité humaine, on n'en parle jamais. Pourtant, elle a ses adeptes qui tirent sur le soufflet de la forge pour rougir les lames. Et elle offre une clé de compréhension à bien des malheurs du monde.

1. Georges Bernanos, *La France contre les robots*, 1947.

La politique m'a appris à devenir un expert de l'âme humaine, à ne jamais prêter plus qu'il ne convient aux détenteurs de secrets en peluche. J'ai pu l'expérimenter lors d'une conversation avec Michel Rocard, il y a fort longtemps, chez lui, à Conflans-Sainte-Honorine. Nous ne partagions pas les mêmes convictions mais son côté protestant le portait à s'éloigner des vils intérêts de son camp et le tenait au-dessus des combinaisons. Nous nous combattions. Nous nous respections. Il aimait les idées. Et les siennes n'étaient pas les miennes. Nous parlions déjà à l'époque de l'« ineptocratie » qui, souvent, suffit à expliquer les désastres, bien plus facilement que les manipulations occultes.

Il disait avec drôlerie, en forme de recommandation prudente : « Toujours préférer l'hypothèse de la *connerie* à celle du *complot*. La connerie est courante. Le complot exige un esprit rare. » Fermez le ban.

Le discours complotiste prospère sur la fuite du réel – il s'autonourrit – mais il s'alimente aussi aux billevesées du « mentir-vrai » des cercles officiels qui entretiennent avec la vérité une relation intermittente et trouble.

Le manque de rigueur est des deux côtés. Il y a ceux qui divaguent hors du réel et ceux qui s'arrangent avec le réel. Les élucubrations de l'exécutif valent bien les constructions de ceux qui, à tort, promènent leurs fantaisies sur la théorie d'un virus fabriqué et délibérément transporté, disséminé à des fins cachées.

La vérité n'est pas là, elle est ailleurs. Et elle est sans doute plus dérangeante. À décrypter la parole publique, souvent contradictoire, à lire les gazettes qui, le plus souvent, déclinent les communiqués des cercles agréés, à décortiquer les oracles des médecins de plateaux, je croyais, de confinement en confinement, tout savoir sur les contours de la pandémie et sur les temps à venir de l'Après-Masque. Je pensais, comme vous, sans doute, chers lecteurs, que la parenthèse de la réclusion serait bien vite oubliée et que nous allions entrer dans le *monde d'après*, en renouant avec le *monde d'avant*...

Je faisais le pari que nos élites auraient à cœur de retrouver les anciens bouquets et de rendre à nos humeurs nos manières d'être immémoriales, qui ont façonné notre identité, notre art de vivre, et garantissent notre liberté.

Hélas, la classe dirigeante, trop docile aux desseins des puissances privées, désormais supérieures aux puissances publiques, s'est abandonnée à un projet fou, déjà en route. Ce projet consiste à mettre à profit le Covid pour nous faire basculer dans la société distanciée, désagrégée, du *contrôle total*. Il n'y a pas de conjuration à rechercher, la feuille de route est publique...

Ayant entre les mains des éléments d'information fiables, recoupés, glaçants, j'ai décidé de prendre la plume pour alerter les Français, en espérant contribuer ainsi à l'insurrection des consciences.

J'ai donc entrepris de raconter, d'une manière factuelle, l'envers du décor et de révéler comment le recul de la civilité que nous venons de vivre n'est que la préfiguration du goulag numérique qu'on nous prépare. La question, pour les seigneurs du Village global, n'est plus seulement de tenir en laisse nos opinions mais d'en profiter pour imposer leur vision du monde et s'ouvrir les marchés gigantesques des biotechnologies. Le tout, en arraisonnant l'humanité aux algorithmes du « capitalisme de surveillance ». Ainsi les pouvoirs successifs, formels et informels, auront-ils, pierre après pierre, tenté de démolir les murs porteurs de la civilisation. Heureusement, des consciences se réveillent, des esprits entrent en rébellion, les lanceurs d'alerte fleurissent, les masques vont tomber.

II

Ce que nous avons vécu a déjà été joué

Au mois de janvier 2021, le sérail politique s'est crêpé le chignon au sujet de la création d'un éventuel « certificat vaccinal » qui serait conçu à l'échelle de l'Europe, et qui permettrait de circuler en toute sécurité sanitaire d'un pays à l'autre. La presse relaya la controverse avec un soin méticuleux. Le débat fut vif. Notre gouvernement, qui choisit ses gaffes pour n'avoir pas à les regretter toutes en même temps, resta prudent. Il avait en mémoire le pas de clerc de Jean Castex qui, jouant les Pères Noël, avait imaginé un cadeau déposé dans le sabot de chaque Français – un charmant projet de loi enrubanné pour un « passeport vaccinal » qui, après une petite injection, serait à tamponner au moment de la Pâque.

Le docteur Véran fit comme les rois mages, il se retira sur la pointe des pieds, sur le bas-côté de la route, la seringue à la main, et repartit par un autre chemin. Le projet de loi fut vite retiré avant les étrennes. Le Père Noël remballa le passeport, comme on retire de la chaussure un cadeau non désiré. Depuis cet impromptu, on n'entend plus les ministres sur la question. En revanche, le sujet est revenu par Bruxelles, lors du sommet européen du 15 janvier et au mois de mars. Chaque pays joua sa partition. Côté cour, les pour ; côté jardin, les contre…

La France resta discrète et mesurée. La presse souligna les atermoiements, les commentateurs opinèrent que l'affaire n'était pas mûre et qu'il semblait prématuré d'affoler le Landerneau pour rien. Cette histoire est édifiante, pour peu qu'on ait la curiosité de passer dans la coulisse.

On y découvre que tout cela relève du simulacre. L'exécutif savait. Et il n'a rien dit. Il savait que la question était déjà réglée. Et qu'elle avait même été réglée en grande pompe, au vu et au su des gouvernements, au mois de septembre 2019.

Dans un acte de prescience, sans doute nourri par des informations auxquelles le commun ne peut accéder, un *calendrier précis pour un passeport vaccinal* de tous les Européens a été décidé et est déjà entré dans l'agenda européen.

En octobre 2019, personne ne parlait de l'épidémie, personne ne la pressentait – pas même les Chinois. Or, la Commission européenne, anticipant le drame à venir, publia, en accord avec l'OMS, son plan pour une vaccination obligatoire et universelle.

En fait, la France – le bon élève de l'Union – anticipa le mouvement, par un excès de zèle et en appliquant à la lettre et dans la précipitation les instructions de Bruxelles.

Sur la base d'une recommandation du Conseil, la Commission européenne avait défini une feuille de route, pour créer un « passeport commun de vaccination » qui serait porté par tous les citoyens de l'Union[1].

---

1. Roadmap for the implementation of actions by the European Commission based on the Commission communication and the Council recommendation on strengthening cooperation against

Il ne manquait pas un bouton de guêtre à cette opération hautement symbolique : qui dit passeport dit souveraineté. Qui dit passeport européen dit souveraineté européenne. L'affaire semblait giboyeuse.

Tout avait été prévu : le calendrier, avec une date butoir en 2022, les sondes eurobaromètres pour prendre le pouls de l'opinion et mesurer la « *vaccine hesitancy* ». *Sic.* Les commissaires ont même inventé une action dite « numéro 9 » qui appelle à traquer la « *vaccine misinformation* ». Ainsi la résolution est-elle déjà prise de lutter « contre les informations erronées et trompeuses, notamment en intervenant sur les plateformes des médias sociaux et auprès des entreprises technologiques ». Déjà la prémonition des fameuses *fake news.*

Ce qui étonne, dans tout cet arsenal de décisions et dans la précision du dispositif et de la marche à suivre, c'est bien sûr la chronologie. En effet, l'idée d'imposer un « passeport vaccinal » fait suite à un Global Vaccination Summit qui a eu lieu à Bruxelles, le 12 septembre 2019. Ce sommet réunissait la Commission européenne et l'Organisation mondiale de la santé. En d'autres termes, c'est six mois *avant* les premiers bulletins d'information sur l'épidémie de Covid-19 que les autorités bruxelloises décidèrent de promouvoir la vaccination générale. À l'époque, aucune institution ne pouvait imaginer le mouvement tellurique à venir.

À la même période, s'ouvrit à New York, le 18 octobre 2019, une rencontre inhabituelle de gens puissants, non

---

vaccine preventable diseases : https://ec.europa.eu/health/sites/health/files/vaccination/docs/2019-2022

mandatés, hors des circuits officiels des institutions multilatérales.

Cette réunion est remarquable par le prestige du *casting* – épidémiologistes, virologues, entreprises privées, instituts de recherche, personnalités politiques – et par l'originalité de l'ordre du jour. Il ne s'agit pas d'un *colloque* mais d'un *exercice*. Les premières paroles de la présidente de séance, Anita Cicero, ont attisé ma curiosité : « En tant que directrice-adjointe du "Centre Johns-Hopkins pour la sécurité sanitaire", et au nom de nos partenaires – le Forum économique mondial de Davos et la Fondation Bill et Melinda Gates –, je vous souhaite la bienvenue à notre *exercice de simulation* du déclenchement d'une épidémie planétaire Event 201. »

Ainsi commence un exercice fictif de gestion de crise qui est une simulation d'épidémie de type coronavirus, largement calquée sur le SRAS de 2002. Les rapports et images de l'événement[1] imposent une conclusion ébouriffante : *ce que nous avons vécu a déjà été joué...*

Le scénario est ainsi présenté par un intervenant : « Tout a commencé chez des porcs d'apparence saine, il y a quelques mois, peut-être quelques années. Une nouvelle forme de coronavirus s'est répandue silencieusement et sans heurts. De façon graduelle, les éleveurs ont commencé à être malades. Les personnes infectées ont contracté une maladie infectieuse avec des symptômes allant des signes bénins de la grippe à de sévères symptômes de pneumonie. Les malades ont alors nécessité des soins intensifs, beaucoup sont morts. Par la suite, ce syndrome sera appelé CAPS – *Coronavirus Associated*

1. https://www.centerforhealthsecurity.org/event201/

Pulmonary Syndrome ou Syndrome pulmonaire associé au coronavirus[1]. »

Après quoi on peut lire et entendre : « Virus transmis par voies aériennes – toutes les personnes sont sensibles. Les experts s'accordent, à moins que le virus ne soit rapidement contenu, sur le fait que ceci pourrait conduire à une *pandémie mondiale sévère.* Une épidémie qui circule dans le monde entier et nous affecte tous. »

Le scénario de l'exercice prévoit notamment des restrictions commerciales et un tour de vis pour la circulation internationale, il pressent l'éventualité de graves dégâts d'ordre économique et financier, des difficultés logistiques, l'émergence de fausses informations ; il imagine la mise en place de plans Marshall de relance économique par les gouvernements.

Évidemment, l'anticipation thématique de cette réunion singulière – portant sur une pandémie *imaginaire* de coronavirus – et la date de l'exercice – le 18 octobre 2019 –, alors qu'on ignore la survenance de l'épidémie à venir, peuvent susciter un étonnement bien légitime. S'agit-il d'une simulation prédictive ou d'une anticipation intuitive ? Ce n'est pas une réunion d'échange et de diagnostic prospectif. C'est donc bien un exercice fictif, avec un « conseil fictif de gestion de crise ». La présidente de séance, Anita Cicero, nous donne les clés du jeu de rôle : « La mission du Conseil d'urgence est de fournir des recommandations pour affronter les défis majeurs que soulève une réponse à cette pandémie. *Le Conseil est composé de dirigeants hautement expérimentés, issus du secteur privé, de la santé publique et de la société civile.* »

---

1. « Event 201 Pandemic Exercise : Highlights Reel » : https://youtube.com/watch?v=AoLw-Q8X174&ab_channel=centerforhealthsecurity

Ce qui saute aux yeux, dans la distribution de cette sorte de « couturière », comme on dit au théâtre, c'est que les États sont absents. On y retrouve des puissances *privées*, qui viennent de l'entre-soi du capitalisme mondialisé : Big Pharma, Big Data, Davos, Bill Gates. On y rencontre un représentant de l'entreprise pharmaceutique Johnson & Johnson, une ancienne responsable de la CIA, un collaborateur de l'Alliance mondiale pour les vaccins et l'immunisation – le GAVI –, un responsable de « la diversité et de l'inclusion d'une fondation américaine », et puis surtout le concepteur de la « remise à zéro » du monde – le Great Reset –, le maire du palais de Davos, Klaus Schwab, sans oublier la Fondation Bill et Melinda Gates, forte de ses initiatives vaccinales et qui vient de financer un grand projet africain, avec des ingénieurs américains ayant mis au point un marquage et une vaccination sous-cutanés encapsulés dans des nanoparticules[1].

Tous ces gens d'importance, tournant sur la même orbite, ont donc été cooptés. Ils n'ont été mandatés par aucun peuple, aucune nation, aucun État, aucune organisation internationale. Ils représentent la planète des puissances privées, l'alpha et l'oméga d'un capitalisme sans scrupule, ce sont des philanthropes de l'intérêt privé et souvent les créanciers discrets des États. Et ce sont ces nouveaux seigneurs qui composent ainsi une sorte de directoire d'influence mondiale, supérieur aux puissances publiques.

Lors de cet exercice de préfiguration pandémique qui les a réunis à New York, leurs échanges apparaissent eux-mêmes prémonitoires. Ils inventent déjà les concepts et

1. *Le Monde*, « Le Kenya et le Malawi, zones test pour un carnet de vaccination injecté sous la peau », 19 décembre 2019.

même la *novlangue* de la crise à venir. Un seul exemple : quand ils abordent les restrictions concernant les voyages et le commerce, l'un d'entre eux retiendra l'attention en proposant une dichotomie dont on connaît désormais les développements punitifs et discriminatoires : « Il faudra bien définir, prévient-il, les voyages *essentiels* et les voyages *non essentiels*... » Le mot est lâché. Sa fortune sémantique est à venir[1].

À la fin de cet exercice de simulation de réponse à une pandémie de coronavirus, le commentaire officiel tire les leçons du drame que le Conseil d'urgence vient de simuler, à des fins préventives : le texte de « l'épilogue » est impressionnant, quant à la surinformation qu'il laisse deviner. Les orateurs s'expriment comme si la catastrophe avait déjà eu lieu. Lisez bien, on s'y croirait vraiment : « L'issue de la pandémie du Syndrome pulmonaire associé au coronavirus et de l'Event 201 a été catastrophique. Soixante-cinq millions de personnes sont décédées dans les premiers dix-huit mois. L'épidémie était initialement limitée et semblait maîtrisable. Mais ensuite, elle a commencé à s'étendre dans des zones très denses en population, notamment des mégapoles. De ce point de vue, la propagation de la maladie a été explosive, exponentielle. En six mois, on a constaté des cas dans quasi tous les pays du monde. L'économie mondiale a été en chute libre, le PIB a perdu onze points de pourcentage, les places boursières ont dégringolé entre 20 et 40 % et sont entrées dans le cercle vicieux de la peur et du manque de perspectives. Les entreprises ne pouvaient plus contracter de prêts auprès des banques.

1. « Event 201 Pandemic Exercise : Highlights Reel » : https://youtube.com/watch?v=AoLw-Q8X174&ab_channel=centerforhealthsecurity

Tout le monde attendait que la tempête passe. Les économistes prédisent que la crise économique vécue durera plusieurs années, peut-être une décennie. Les impacts sociaux, la perte de la foi dans les gouvernements, la défiance envers les informations et la rupture de la cohésion sociale pourraient durer davantage. Nous devons nous demander : est-ce qu'un tel événement doit être si grave ? Y a-t-il des choses que nous aurions pu faire dans les cinq ans, dix ans qui ont précédé la pandémie et qui auraient permis d'atténuer ces conséquences catastrophiques ? Nous pensons que la réponse est positive. Par conséquent, sommes-nous, en tant que *communauté globale*, prêts à travailler dur et à faire le nécessaire pour se préparer à la prochaine pandémie ? »

Dans une introduction à cet exercice, dont je souligne à nouveau qu'il a eu lieu en octobre 2019 – exercice qui se voulait de simulation et non pas d'anticipation –, le Centre pour la sécurité sanitaire de l'université Johns-Hopkins avertit, sur son site internet : « Ces dernières années, le monde a connu un nombre croissant de pandémies, au point que pas moins de *deux cents* incidents sont à déplorer chaque année au niveau mondial. Des experts s'accordent à dire que ce n'est qu'une question de temps pour que ces épidémies locales deviennent une menace globale... »

On connaît la suite : une pandémie de coronavirus se propage *deux mois plus tard* dans le monde entier. L'exercice de simulation de New York peut être regardé rétrospectivement comme une sorte de répétition générale d'une pandémie. Tout ce qui a été dit et prévu s'est réalisé. À un gros détail près : la simulation anticipait *soixante-cinq millions* de morts en six mois, sans commune mesure avec le virus qui nous a assaillis. Rappelons qu'il s'agissait d'un exercice, pas d'une prévision. La pandémie réellement survenue fut quatre-vingts fois moins mortelle que celle envisagée par les organisateurs de l'événement 201. Or, c'est le type d'arsenal imaginé lors de l'exercice de New York contre un potentiel coronavirus foudroyant qui sera déployé contre le Covid. Aveuglement collectif, pandémie manquée, un peu des deux ? S'ensuivra une réponse absolument remarquable de mimétisme entre gouvernements occidentaux terrorisés par une modélisation mathématique fumeuse et la perspective d'un risque judiciaire.

Ce qui s'est passé était prévisible et avait été prévu. Mon ami Jimmy Goldsmith venait de ce monde des élites globalisées. Il en dénonça avec force l'impudence, la cécité, la folie. À l'époque, on riait de nos mises en garde. En 1994, nous avons confié nos inquiétudes à des salles pleines, à Dijon, Marseille et Brest :

– Ces gens sont fous, s'écriait-on. Ils abattent les frontières, y compris sanitaires. Si vous mettez cinq ou six milliards de personnes dans la même pièce, il suffira d'un seul microbe pour envoyer tout le monde au tapis. Ce n'est pas raisonnable. La planète est pleine de bactéries qui ne demandent qu'à voyager.

– Et quelle est la solution ? réclamait le public interloqué.

– La solution, elle est vieille comme le monde. Il faut des *cloisons* dans la pièce. Chaque organisme n'est viable qu'à son échelle. C'est même d'abord pour cela que les hommes ont inventé les nations. Si on sacrifie tout à la marchandisation du monde, on aura le pathogène globalisé. Tout empire périra.

C'est Jimmy Goldsmith qui m'a appris ce qu'était une pandémie. Il était un grand entrepreneur et un grand voyageur. Son intuition lui donnait à voir le monde d'aujourd'hui, en ses excès déraisonnables. Le monde du mouvement perpétuel.

L'Union européenne, malgré la leçon de choses, s'égosille pour sauver la fameuse « liberté de circulation ». Même Emmanuel Macron a fini par abjurer. Le Covid aime Schengen. Il prospère quand il peut tracer sa route librement et que rien ne l'arrête. Le virus se démultiplie et foisonne pour peu qu'on s'emploie à dessiner un univers pour lui et qu'on fournisse au microbe à la fois le billet gratuit à dos de voyageur et le kérosène pour ses excursions.

C'est effectivement en 1994 que le tournant a été pris. Les parlementaires français ont suivi le mouvement général de l'Occident. Il fallait, nous disait-on, un « Village global » : le marché total et la société ouverte. Pour la paix qui viendrait par le doux commerce... Avec le traité de Marrakech, qui transforme le GATT en « Organisation mondiale du commerce », ratifié aussi vite que signé, on fit sauter les dernières barrières douanières, les écluses, les protections fiscales mais aussi sanitaires. À partir de cette époque, le canard à l'eau de Javel est entré librement. Ainsi que la lotte polyphosphatée de Thaïlande et les hormones brésiliennes. Ce fut l'euphorie. Les murs tombaient. On se balançait sur des ponts de liane qui unissaient les alvéoles du Nouveau Monde.

Le politique devait ainsi s'évanouir derrière l'économique. On allait au plus offrant, au moins cher. On perdait, ce faisant, le souci des hommes et des écosystèmes. C'était la victoire des marchands sur les fabriques enracinées. L'Organisation mondiale du commerce qui devait présider à tous les démantèlements ouvrit la voie à l'organisation commerciale du monde.

Les gens instruits sur les fragilités de notre monde qui, déjà, voyaient disparaître les papillons et les espèces rares, savaient, comme les petits lutins de la Silicon Valley et les vrais politiques blanchis sous le harnais, que le prix à payer de cette ouverture systématique serait à la fois écologique, économique, social et sanitaire. Le grand pillage était commencé. On allait chercher les « terres rares » bien nommées en Chine et dans les pays pauvres. On cultivait l'incohérence, au nom de la prospérité des puissants.

Nos politiques savaient tout cela, ils couraient à l'abîme mais ils voulaient être dans l'air du temps. Et l'air du temps portait l'idée d'une fraternité cosmique et numérique. Ils savaient ce que signifiait la fin des filtres pacificateurs et épurateurs que sont les frontières. Ils connaissaient la contrepartie, le danger des épidémies...

Max Gallo qui avait été mon professeur d'histoire à Sciences-Po, avant de devenir un ami, était le porte-parole du gouvernement socialiste. Son honnêteté et sa grandeur d'âme le mirent vite dans un étau. Jusqu'au jour où il craqua : « Ce matin-là, on survolait l'Inde et les rizières des petits paysans faméliques. On imaginait les enfants de dix ans qui fabriquaient nos chemises à la verticale du panache de kérosène. À dix mille mètres au-dessus de la misère mondialisée, nous dégustions des petits fours et des toasts de caviar moscovite dans le luxueux Falcon de Mitterrand. La main gauche sur le cœur, j'étais devenu un militant *social-mondialisé*, passé de l'autre côté du miroir. J'ai senti qu'on était en train de semer le malheur partout... Je n'ai pas supporté, je suis parti... » Il montait très vite en gamme contre « la gauche-caviar de l'avenue Foch qui jouait *L'Internationale* sur son piano à queue ».

En trente ans, les rêves élitaires avaient mué : dans les années 70, on entendait murmurer, derrière le rideau : « Plutôt la Corrèze que le Zambèze… » Cela manquait d'envergure mais répondait à l'appel des attachements vitaux. Dans les années 2000, le cœur s'ouvrit aux grands espaces : « Plutôt New York, pour le week-end, que Saint-Amand-Montrond, pour une pêche au gardon. » On rêvait d'accrocher une adresse au grand monde. On se dépêchait de quitter les bourgs pourris, on voulait être du Village global.

La Tech était la reine de la Toile, le virus deviendrait son chevalier servant. Il apprit très vite à voyager, dans les cols en amidon, surtout en « business ». Dans ce monde d'errance mercantile, il enfanta et multiplia, au cœur des vieilles nations dépouillées de leurs anticorps, les ruses et les feintes qu'on appela les « variants », et qui faisaient du saute-mouton au-dessus des continents et des sachants.

La Tech-reine vit tout le parti qu'elle pouvait tirer de cette société de nomades. Le roi des nomades, c'est le virus, le virus couronné. Une harmonie nouvelle présida à un partage des tâches et des missions entre les États vassalisés et la Tech souveraine. Les États ne pensaient qu'à contrôler, à surveiller ; la Tech rêve d'un néo-capitalisme digital : ainsi naquit le *capitalisme de surveillance*.

Quand je me retourne, je mesure la béance vertigineuse qui nous sépare de l'ancien monde. Je repense à une conversation marquante avec deux amis, deux maîtres : Maurice Allais et Lucien Israël. C'était chez Thoumieux, la grande brasserie de la rue Saint-Dominique où se côtoyaient, dans la bonne humeur, les tablées de la société de connivence. Les voisins saluaient le professeur Allais qui était prix Nobel d'économie. Et aussi le professeur Israël, un grand cancérologue, qui venait de recevoir l'épée toute neuve et l'habit vert. Nous parlions justement du libre-échangisme mondial, vagissant après les accords de Marrakech. Maurice Allais, toujours limpide dans ses paraboles, comparait la mondialisation sauvage au remembrement des campagnes ; sa parole était prophétique :

– Vous voyez, chers amis, quand on rase les haies et qu'on arase les merlons, on n'a plus rien pour retenir les crues…

– Et les crues en médecine, enchaîna le cancérologue, ce sont les épidémies. Les champs clos, ce sont les nations. Avec les champs clos, on a juste les mares qui débordent mais ça s'arrête là. Avec les nations, on finit par tenir la bête. Mais si la terre est d'un seul tenant, alors on a l'inondation.

Ils voyaient juste. Ils avaient parfaitement compris tous les deux que le monde uniforme, au prétexte d'être unifié, sans protections sanitaires ni frontières douanières, allait malmener les écosystèmes naturels, que la tentation serait de surexploiter les ressources, que nous allions multiplier les trajets pour les hommes et les marchandises et que nous risquions d'épuiser et de brutaliser la planète. Voici que les progressistes du nouveau monde nous ont ramenés au temps de la peste.

Les élites globalisées attendaient une violente pandémie. Elles sont allées au-devant du risque. Ce ne fut pas par la couenne des cochons du Brésil qu'il est arrivé. Et le virus fut quatre-vingts fois moins mortel qu'imaginé. Je ne sais pas si les puissants de ce monde ont goûté au pangolin. En tout cas, le virus fut accueilli comme une aubaine, les gens du *Big World* ont tué le veau gras. Ils ont sauté sur l'occasion. J'exagère ? Non, je crois plutôt que c'est le réel qui a plus d'imagination que moi.

III

« Covid-19 : une fenêtre d'opportunité »

J'ai assisté un jour, au cœur du Limousin, dans la petite mairie de Bort-les-Orgues, à un impromptu peu banal pour un jeune stagiaire de l'ENA qui n'était pas encore rompu aux arcanes de la vie publique. La « Cité du cuir » était plongée dans l'angoisse. Un de ses fleurons allait mourir. Cette faillite risquait d'embraser tous les volcans endormis du Massif central. Le directeur de cabinet du préfet, Jean-Pierre Bechter – un homme brillant, une nature sensible, au tempérament très actif –, m'avait confié le dossier, par un geste amical, pour me donner une occasion de briller devant la compagnie préfectorale des feuilles de chêne. L'enjeu du dossier, c'était le destin de mille ouvriers au bord de l'abîme, il n'y avait plus guère d'horizon ni d'espoir. Le naufrage probable dépassait les compétences larvaires et l'application du pauvre petit stagiaire qui avait encore la goutte au nez. L'exercice probatoire était perdu d'avance.

Jean-Pierre s'en remit à l'échelon supérieur. Et l'échelon supérieur, c'était le président du Conseil général, Jacques Chirac. Il exerçait aussi la fonction de Premier ministre, au cœur du fameux été de sécheresse 1976. Nous avions, sous la main, le « bras le plus long » de la Corrèze, pour sauver l'entreprise défaillante. Le dialogue fut intense et savoureux. Jacques Chirac était pressé, tracassé aussi, il venait de se fâcher avec celui qu'on appelait dans son entourage « le colin froid » – le Président Giscard d'Estaing. Malgré toutes les vicissitudes parisiennes, à quelques jours de son départ de Matignon, il continuait quand même à traiter les dossiers locaux. Il tournait sur lui-même à la recherche du bon trousseau. Nous n'avions plus que quelques heures pour trouver la perle rare – un repreneur qui aurait le cuir épais...

Jean-Pierre Bechter, qui entretenait avec Jacques Chirac une relation affectueuse mais très libre, tenta une « percée conceptuelle », selon son expression favorite :

– On prévient l'Élysée ?

– L'Élysée ? Jean-Pierre, vous plaisantez ? Giscard est l'homme des courbes, pas des reprises... Il faut taper plus haut.

– Plus haut ?.... Mais, plus haut, il n'y a rien, reprit Jean-Pierre en riant.

– Si... le Big Boss...

– Et c'est qui, le Big Boss ?

– Red Adair !

Red Adair était cet homme extraordinaire, mondialement connu, qui, d'un bond prodigieux et d'une main ferme, était réputé pour sauter sur les plateformes en feu de la mer du Nord. C'était bien sûr, dans la bouche de Chirac, une référence imagée. Le « Red Adair » en question, pour le Premier ministre, c'était le fondateur du Forum de Davos, Klaus Schwab.

– Il est bien plus puissant que Giscard... Je vais l'appeler. Et lui, il fera le boulot...

Ce qui fut dit fut fait, et bien fait...

Trois semaines plus tard, l'usine de Bort-les-Orgues,

sauvée par le groupe Bidermann, retrouvait de l'activité et de belles humeurs. Le groupe avait, quelques années plus tôt, en 1966, grâce à Pompidou, signé un contrat historique avec l'Union soviétique. La gratitude porta ainsi de beaux fruits. La Cité du cuir retrouvait une perspective et des marchés, l'entreprise Mas – c'était son nom – tournait à nouveau à plein régime. Red Adair avait « fait le job ». Il lui avait suffi de faire tourner l'index dans son carnet d'adresses.

Plus tard, j'ai appris à mieux cerner le personnage, un des hommes les plus puissants de la planète, accroché à flanc de colline neigeuse, au cœur du pays le plus tranquille du monde, la Suisse.

Klaus Schwab est le fondateur et président du Forum économique mondial de Davos. Le 3 octobre 2007, lors d'un entretien filmé, le patron de British Telecom, Ben Verwaayen, expliqua que cet homme disposait d'un réseau d'amitiés inégalé dans le monde : « Il suffit à Klaus de décrocher son téléphone pour joindre n'importe qui sur cette terre. Je ne connais personne d'autre qui puisse en faire autant. »

En cinquante ans, le Forum économique mondial est devenu la plateforme culminante du dialogue des grands managers et des élites du Village global, à l'intersection de la richesse et de l'influence. Le maître de cérémonie Klaus Schwab a hissé, au-dessus des États, les séminaires de Davos : on y prend le pouls, à huis clos, des leaders en devenir. On y dresse, en altitude, le bilan sanguin du capitalisme de connivence. On y délibère sur la marche du monde. Les chefs d'État y viennent chercher tonsure ou agrément. Il arrive même qu'on aille à Davos comme on va à Canossa, si on a manqué à la doctrine. C'est là que sont débattues les grandes disciplines et que sont dessinées les lignes de fuite de l'économie mondiale.

On parle désormais, dans les cénacles des plus hautes instances ainsi irriguées, de « l'esprit de Davos » et, plus encore, des « hommes de Davos » – l'intitulé est gratifiant. On les surnomme, pour les égratigner, les « *cats in the snow* », en français, on dit les « nantis dans la neige ».

Les invités de la session annuelle y reçoivent l'onction : la jeune Greta Thunberg y fut accueillie avec faste et solennité, inaugurant ainsi le flirt prometteur entre les deux militantismes, celui du mondialisme à sauver et celui de la climatophilie à préempter. Chaque année, au mois de janvier, le gratin mondial emménage à Davos. Le conseil d'administration est composé de toute l'élite globaliste, de Laurence D. Fink, le PDG de la plus grosse société mondiale de gestion d'actifs, au président de la Banque centrale européenne, qui prépare l'euro numérique, la monnaie virtuelle.

Davos est aussi un chemin de palmes, une machine à propulser ses émules. C'est le Forum économique mondial qui sculpte les destins et adoube les futurs chefs de file de l'agenda mondial.

La pandémie fut accueillie par les « hommes de Davos » sans réelle surprise mais comme un événement providentiel, bien que moins dévastateur qu'imaginé. Klaus Schwab a écrit tout cela dans un livre qui est passé inaperçu auprès du grand public et de la presse française ; ce livre délivre une synthèse hautement prémonitoire sur le tournant du néocapitalisme mondialisé. J'y vois une sorte de parallèle avec un autre ouvrage, le *Manifeste du Parti communiste* en 1848. Publié en pleine crise, en juin 2020, cet ouvrage propose tout simplement

« la Grande Réinitialisation » du monde[1]. Le filigrane du manifeste est pour le moins explicite : la crise du Covid-19 doit être l'événement déclencheur d'une « transformation de l'humanité ». Rien de moins.

La publication de ce livre programmatique a été l'occasion d'une vidéo-conférence de presse mondiale, le 3 juin 2020. Dès ma lecture du prologue, j'en ai eu le sang glacé. L'auteur, qui est l'homme le mieux informé de la planète – qui sait donc le poids des mots –, soutenu par la classe dirigeante mondiale, rejette l'hypothèse d'une simple parenthèse, à refermer au plus vite, il nous annonce, pour s'en réjouir, la fin d'un monde : « Beaucoup d'entre nous se demandent quand les choses reviendront à la normale. Pour faire court, la réponse est : *jamais.* La normalité d'avant la crise est "brisée" et rien ne nous y ramènera, car la pandémie de coronavirus marque un point d'inflexion fondamental dans notre trajectoire mondiale. Certains analystes parlent d'une bifurcation majeure, d'autres évoquent une crise profonde aux proportions "bibliques"… Le monde tel que nous le connaissions pendant les premiers mois de 2020 n'est plus, il s'est dissous dans le contexte de la pandémie. Nous allons faire face à des changements radicaux, d'une telle importance que certains experts parlent d'une ère "*avant* coronavirus" et d'une ère "*après* coronavirus". Nous continuerons à être surpris par la rapidité et la nature inattendue de ces changements – car, en se rajoutant les uns aux autres, ils provoqueront des conséquences de deuxième, troi-

1. Klaus Schwab et Thierry Malleret, *The Great Reset.* Trad. française : *Covid-19 : la Grande Réinitialisation*, Éditions Forum Publishing, 2020.

sième, quatrième ordre et plus, des effets en cascade et des répercussions imprévues. Ce faisant, ils formeront une "*nouvelle normalité*", radicalement différente de celle que nous allons progressivement laisser derrière nous. Beaucoup de nos croyances et de nos hypothèses sur ce à quoi le monde pourrait ou devrait ressembler seront ébranlées au passage… »

Sans aucun scrupule et avec l'aplomb d'un homme qui se sent fort de ses appuis, il ose ainsi saluer l'arrivée du coronavirus : « La pandémie représente une *fenêtre d'opportunité* rare mais étroite pour réfléchir, réimaginer et *réinitialiser* notre monde[1]. »

Le Covid et ses victimes seraient donc une *fenêtre d'opportunité* ? On ne tardera pas à savoir de quelle fenêtre il parle : lors de la séance de lancement du Great Reset, le président de Microsoft, Brad Smith, qui compte parmi les intervenants et partenaires de l'opération, se fait plus explicite : « La pandémie *accélère* l'adoption des technologies digitales. Du fait du confinement, individus et gouvernements se sont mis au télétravail. Les nouvelles technologies et les données de masse vont donc porter cette grande remise à zéro. La bande passante est devenue l'électricité du XXIe siècle[2]. »

On a basculé. Merci au Covid. Il a fait mûrir le fruit. Klaus Schwab fera écho à cette grande novation planétaire : « Nous nous trouvons à un moment de l'histoire qui ne doit pas être perdu. Il s'agit d'un moment qui peut permettre de *changer les règles du jeu.* » Toutes les

1. *Ibid.*, p. 278.

2. Conférence de lancement du Great Reset, 3 juin 2020 : https://www.youtube.com/watch?v=pfVdMWzKwjc&t=3s&ab_channel=WorldEconomicForum

cartes sont sur la table, on ne pourra pas dire « nous ne savions pas »…

Le grand apologète de ce qu'il appelle lui-même « la remise à zéro » pressent sans doute quelques résistances de l'ancienne société, alors il pointe du doigt « les sceptiques qui voudraient retourner au *monde d'avant* ». Il lance un vibrant appel à tous les tenants de la nouvelle utopie mondiale : « Nous avons besoin de toutes les forces. » Et puis c'est l'envoi en mission : « Nous mobiliserons nos dix mille *global shapers*, nos *façonneurs mondiaux*, dans de nombreuses villes du monde pour organiser un « sommet de Davos parallèle […]. »

Vous ne saviez pas qu'il y avait des « façonneurs mondiaux » ? Moi non plus. Le mouvement est lancé. On appuie sur la touche « *reset* » pour engager une nouvelle partie. La directrice générale du FMI, Kristalina Georgieva, vient à la rescousse et offre son talent d'exégète : « Nous ne voulons pas d'un *Great Reversal*. Nous devons utiliser toutes les forces à notre disposition pour faire de cette nouvelle ère une grande réinitialisation et non un grand retour en arrière. »

Le 24 juillet 2020, lors d'un nouvel exercice de simulation de crise – cette fois-ci de cyber-pandémie –, le président du Forum économique mondial se découvre davantage : « 2020 est l'année qui a vraiment changé le monde. Pour la première fois depuis la Seconde Guerre mondiale, la pandémie du coronavirus a marqué un *point d'inflexion* fondamental dans notre trajectoire mondiale. On peut d'ores et déjà voir qu'elle a eu l'effet d'un *catalyseur*… Une des transformations les plus frappantes et excitantes causées par cette nouvelle dynamique fut notre *transition vers le tout numérique*… Notre dépendance aux services digitaux a augmenté de façon exponentielle du fait d'un besoin en connexion bien plus important de l'usage des services du cloud, du e-commerce, de la e-santé, de l'e-éducation. »

L'intendant de Davos ne cache pas sa fascination active de la Big Tech : « Beaucoup de leaders d'entreprises technologiques ont noté qu'en quelques mois nous sommes parvenus à de telles avancées numériques qu'il aurait fallu sans cela deux ou trois années peut-être, pour y parvenir. » Merci au Covid. Voilà l'aubaine. Le virus aura donc été un accélérateur du grand ébranlement planifié. Mais la disproportion entre l'un et l'autre commence à se voir.

Nous sommes devant une révolution, une recréation. On va très vite en comprendre la portée, politique, économique, sociétale et environnementale. Une révolution qui entend profiter d'une pandémie pour recréer une humanité nouvelle, sous l'empire de l'intelligence artificielle. Retour à la page blanche, à la case départ. C'est le sens du mot « *reset* ». On efface tous les souvenirs. C'est Saint-Just revisité par Bill Gates : « Le bonheur est une idée neuve en Europe. » Avec le confinement, on nous a ramenés à l'état végétatif, on nous a forcés à vivre comme nos chats, à rester au panier ; et, avec la réinitialisation, on veut nous faire vivre comme des hommes fusionnés avec la machine. On nous a ravalés au rang de ces petits animaux asociaux qui lapent la gamelle, on nous a propulsés dans le paradis cybernétique. Ainsi prépare-t-on le grand passage, dans le même mouvement, d'une humanité *abêtie* à une humanité *augmentée.*

Les démiurges de la post-humanité sont à l'ouvrage. Ils prétendent ainsi refaire le monde. Ils entendent non pas seulement le réparer mais le *recréer*, reprendre l'ouvrage de création initiale, celle de la première initialisation. Les Grecs avaient un mot à eux pour désigner la démesure, c'était l'*hubris.* Nous y sommes...

Avec cette « quatrième révolution industrielle », l'illuminé de la montagne magique promet à l'humanité rien de moins que « la fusion de nos identités *physique, numérique* et *biologique* ». On touche là au mystère de l'espèce humaine, on va jouer à pile ou face avec la nature de l'homme. On veut nous faire entrer dans le monde des micro-puces implantables, qui franchissent la barrière cutanée de notre corps. Grâce à l'identification numérique dont le passeport sanitaire annoncé n'est que le prélude, on pourra rapidement « lire les ondes cérébrales », on pourra géolocaliser, « suivre le comportement » de quiconque. Voici venue l'heure du *capitalisme de surveillance* ! Nous serons les vilains de la plèbe numérique.

Il n'y a, dans tout ce que j'écris là, aucune glose, je me tiens tout près du manifeste que, du reste, je cite abondamment. Ces gens-là sont puissants, ils disent ce qu'ils font. Ils annoncent ce qu'ils feront. Ils ne complotent pas, ils établissent des feuilles de route. Le Forum de Davos porte bien son nom : c'est un forum. Il n'y a rien à dissimuler sous le tapis du chalet suisse. On y parle *urbi et orbi.* Il n'y a pas d'officine ni de cellule secrète. Il n'y en a plus besoin. Tout est sur la table ou plutôt sur la place publique. Seuls les idiots utiles font semblant de ne pas comprendre : ce qui est promis n'est que l'accélération de la folle course industrialiste de nos sociétés humaines, au grand croisement des nanotechnologies, biotechnologies, informatique, sciences cognitives – NBIC – et... d'un coronavirus.

Et ce qui est en gestation et que nous avons commencé

à accepter, c'est le traçage permanent des individus par des algorithmes, la société du contrôle total, par des programmes. Elle est décrite dans le Great Reset qui annonce « un réseau de surveillance mondial ».

L'illuminé de Davos ne ménage pas son enthousiasme pour dévoiler la suite des opérations : « À mesure que la crise du coronavirus se résorbera et que les gens commenceront à retourner au travail, les entreprises s'orienteront vers une *surveillance accrue*[1]. »

Il faudrait ainsi se préparer à vivre dans la servitude volontaire. Quant au consentement des populations, il y a des programmes d'ingénierie sociale pour les induire, les guider, les orienter... « Toute expérience numérique dont nous disposons peut être transformée en un “produit” destiné à surveiller et anticiper nos comportements[2]. »

Klaus Schwab lève un coin du voile sur le contrôle à venir de la grande termitière des vivants connectés. « La pandémie pourrait ouvrir une ère de surveillance sanitaire active rendue possible par les smartphones à détection de localisation, les caméras de reconnaissance faciale et d'autres technologies qui identifient les sources d'infection et suivent la propagation d'une maladie en temps quasi réel[3]. »

C'est bien la santé qui aura servi de formidable alibi, de planche d'appel. La réinitialisation nous a projetés dans un univers complètement nouveau. Nous sommes passés du politique au biopolitique. Le pouvoir *politique* agissait sur des territoires, le pouvoir *biopolitique* s'exerce

1. *Covid-19 : La Grande Réinitialisation*, *op. cit.*, p. 36.
2. *Ibid.*, p. 188.
3. *Ibid.*

sur des populations. Le premier avait vocation à écarter les malheurs publics, le second à administrer le parc humain. Au nom du bien-être promis, l'immixtion dans nos vies deviendra légitime. On réclamera soi-même – et c'est là le génie de l'opération – d'être mis sous contrôle. On aura peur d'être libres. Le manifeste de Davos prévoit ce grand basculement de nos vies : « Comme pour toute autre industrie, le numérique jouera un rôle important dans l'élaboration de l'avenir du bien-être. L'association de l'Intelligence Artificielle (IA), de l'Internet of Things (IoT) et des capteurs et technologies portables permettra d'obtenir de nouvelles informations sur le bien-être personnel. Ils surveilleront comment nous allons, comment nous nous sentons, et effaceront progressivement les frontières entre les systèmes de santé publique et les systèmes de santé personnalisés – une distinction qui finira par disparaître. Dans le monde post-Covid-19, des informations précises sur notre empreinte carbone, notre impact sur la biodiversité, sur la toxicité de tous les ingrédients que nous consommons et sur les environnements ou contextes spatiaux dans lesquels nous évoluons vont générer des progrès significatifs en termes de prise de conscience du bien-être collectif et individuel. Les industries devront en prendre note[1]. »

Nous entrons dans la société des sentinelles intimes et du repérage invisible : les appareils technologiques que nous emporterons avec nous ou qui seront implantés dans le corps serviront à communiquer des informations en matière de santé. Mais la surveillance médicale individuelle n'est qu'un début. Ainsi, « les *marquages de la peau* pourraient aider à l'identification des personnes

1. *Ibid.*, p. 190.

et à leur localisation. Les dispositifs implantés aideront probablement aussi à communiquer des pensées via un smartphone "intégré", et des humeurs, potentiellement non exprimées, pourront être lues via les ondes cérébrales ou autres signaux[1]. »

Nous sentons bien que tout cela risque de nous échapper. Voici venir le passage de l'utopie à la dystopie. De façon très inquiétante, Klaus Schwab ironise sur notre nouvel état d'asocial-confiné-virtuel : « Si les considérations de santé deviennent primordiales, nous pourrions décider, par exemple, qu'une séance de vélo devant un écran à la maison ne vaut pas la convivialité et le plaisir de le faire avec un groupe dans un cours en direct, mais est en fait plus sûr – et moins cher[2] ! » Cette invitation à rester chez soi, qui relève, dans notre droit public, de l'*état de siège*, peut devenir totalitaire. Nous sommes là au point de jonction de la solitude, du vide et de l'inspection perpétuelle.

Ne plus se serrer la main, ne plus s'embrasser, ne plus se toucher, ne plus avoir de sensations. Devenir un être mental, otage définitif du continent virtuel. Nous allons vivre dans l'abstraction, loin du contact tactile. Les impressions sensorielles disparaîtront de notre univers de connaissances et de relations. Dans ses carnets, Camus livre cette image qui prend aujourd'hui un sens saisissant : « Dans les musées italiens, les petits écrans peints que le prêtre tenait devant le visage des condamnés pour qu'ils ne voient pas l'échafaud... Le saut existentiel, c'est le petit écran. » Le biopolitique imposera

1. Klaus Schwab, *The Fourth Industrial Revolution*, 2016, p. 121 (version américaine).

2. *Covid-19 : La Grande Réinitialisation*, *op. cit.*, p. 174.

de se tenir toujours à distance. La désocialisation est en marche…

« Une nouvelle obsession de la propreté entraînera notamment la création de nouvelles formes d'emballages. Nous serons encouragés *à ne pas toucher* les produits que nous achetons. Des plaisirs simples comme sentir un melon ou presser un fruit seront mal vus[1]. »

Les mises en garde du Forum de Davos sont éloquentes. Elles s'appuient sur les études des sciences sociales pour débusquer l'ennemi virtuel de la réinitialisation. « D'après les psychologues, la fermeture cognitive implique souvent une façon de penser en noir et blanc et des solutions simplistes. C'est un terrain propice aux théories du complot et à la propagation de fausses nouvelles. » Klaus Schwab craint « une montée des sentiments patriotiques et nationalistes, avec des considérations religieuses et ethniques troublantes. […] Ce mélange toxique fait ressortir ce qu'il y a de pire en nous en tant que groupe social[2] ». On a bien compris : il va falloir faire la police pour traquer le *pire*. La délation numérique est érigée en acte civique.

Le 23 janvier 2016[3], lors du rendez-vous annuel du Forum économique mondial à Davos, Klaus Schwab animait une table ronde intitulée « Rester humain ». Les échanges étaient ouvertement tournés vers les perspectives de l'*humain augmenté*, corrigé de ses défauts chromosomiques.

Il se réjouit[4] que nous assistions bientôt à l'avènement

1. *Ibid.*, p. 224.
2. *Ibid.*, p. 244.
3. Table ronde « Staying human », Forum de Davos, 2016.
4. Klaus Schwab, *The Fourth Industrial Revolution, op. cit.*

de bébés conçus selon des caractéristiques souhaitées. Il regrette toutefois que certaines universités privilégient la recherche trop conservatrice plutôt que la recherche audacieuse et innovante. Face à ce conservatisme académique, il en appelle à la survenance « de nouvelles frontières éthiques ».

En 2020, toute la cosmocratie – le FMI, l'ONU, les supranationales de la Big Tech – s'est accordée sur la mise en œuvre d'une vision planétaire, au-dessus des États. Au programme : une économie faustienne, à base de décroissance verte, d'hubris *monetica*, de promotion des *minorités* et de digitalisation intégrale. Il s'agit de réduire l'humanité à une somme d'individus livrés au marché nu. Tout ce qui peut désagréger l'ancienne société devient profitable.

À la fin du mois de janvier 2021, les grands de ce monde furent convoqués en distanciel à Davos pour un *briefing* commun avec le Forum et son président. Xi Jinping, Angela Merkel et Emmanuel Macron étaient bien sûr conviés. Ils ont fait du « régalien distanciel ». Pour les uns et les autres, il s'agit d'entretenir le lien d'intérêt commun entre la Big Tech et l'émergence du *citoyen numérique*. Ce ne sont plus les entrepreneurs qui sont invités dans les voyages officiels et qui courent les palais nationaux. Ce sont les palais nationaux qui se vident et les chefs d'État qui sont convoqués par les hommes d'affaires devenus les nouveaux maîtres du monde.

Emmanuel Macron a récemment concédé qu'il avait perdu la main : « Le maître des horloges, c'est le Covid. » Mais derrière l'accident du virus, il y a les géants de la Big Tech et leurs puissants actionnaires, qui font tourner les aiguilles, qui tiennent les algorithmes et qui nous tiennent... Quand il y a une guerre, on dit qu'il y a des « profiteurs de guerre ». Quand il y a un pathogène qui circule, il y a des guetteurs de rente épidémique qui aspirent à devenir pandémiques. Des profiteurs de microbes qui se partagent les dépouilles de l'ancien monde, affaibli et moribond.

Le mot qui ne me quitte plus et qui revient en moi comme la vague du ressac, c'est le mot « naufrage ». Ce que nous vivons, c'est le naufrage d'une société rongée de l'intérieur par ses propres conquêtes et ses chimères, le naufrage d'une civilisation désorientée, déracinée, qui a mis les souches en l'air.

IV

« T'as voulu voir Vesoul et on a vu Davos »

Nos gouvernants multiplient les attentions pour nous mettre à l'abri. Ils accélèrent les échanges informels avec le fameux Conseil scientifique, en charge, pour notre bien-être, du calfeutrage universel. Sans trop se découvrir sur l'éventualité d'une levée d'écrou, ils nous ont fait descendre dans un tunnel sans fin dont on ne voyait pas la sortie. Et ils ont coupé la lumière. Alors on a marché dans la nuit.

Au bout du tunnel, la parousie cosmique était en vue, à la faveur de la lumière du jour. Et elle nous enveloppait de son manteau de neiges éternelles. Nous avons rejoint un séjour virtuel dans les Alpes suisses. Emmanuel Macron nous y attendait. Il est mentalement chez lui, au Forum. Là-bas, il chaloupe entre les chalets polyglottes aux toits de cristaux étoilés, dans son monde digital, bras dessus bras dessous avec les managers de la planète et les consultants de la Tech. Son esprit d'ouverture le déporte toujours vers les « *people from anywhere* ». Il n'aime pas l'odeur de terre mouillée des *somewhere.* Il me fait penser à la chanson de Jacques Brel :

« T'as voulu voir Vierzon, et on a vu Vierzon.
T'as plus aimé Vierzon, on a quitté Vierzon. »

Brigitte a fredonné la suite :

« T'as voulu voir Vesoul, et on a vu Davos.
Mais je te préviens, on n'ira pas plus loin.
J'ai horreur des flonflons, de la valse musette et de l'accordéon. »

Sur toutes ces montagnes blanches, loin des « Gaulois réfractaires » et de leurs flonflons, à l'abri des « soixante-six millions d'accordéonistes », « qui fument des clopes à la pause et marchent au diesel », on peut imprimer du neuf.

Dans les cercles du multilatéralisme où se croisent les champions des deux sphères – publique et privée – il y a les « hommes de Davos ». Et il y a aussi les « enfants de Davos ». Emmanuel est les deux à la fois. Un « homme de Davos » par la pensée, un enfant de Davos par les premiers pas.

Récemment, il a glissé, avec un brin de sollicitude, à l'attention de la jeunesse française : « C'est dur d'avoir vingt ans en 2020. » Sans doute repensait-il, dans un feedback nostalgique, à son adolescence facile : un teenager sélectionné, choyé, poussé en avant. Très tôt promu, dès 2016, élu « *Young Global Leader* » – ce fut sa première distinction – par le Forum ; son destin était scellé, son leadership serait celui du « *happy management* ». La suite, on la connaît. Mais ce qu'on ne sait pas, c'est que le jeune Emmanuel a eu deux parrains de grande conséquence : Klaus Schwab et Jacques Attali. L'intendant général et le mandarin.

Ces deux personnages éminents ont été les incubateurs de la start-up du jeune banquier d'affaires, soutenu, par ailleurs, pendant sa campagne, par les *business analysts* du fameux cabinet de logistique McKinsey. Ce sont les esprits brillants de ce cabinet californien qui ont été préférés, pour réfléchir à la feuille de route sur la vaccination, aux « sous-préfets à la relance » tout juste nommés et déjà sans ouvrage. Quand il faut escalader la paroi de je ne sais quelle pointe du Hoc, c'est toujours les Américains qu'on appelle à la rescousse. McRon appelle McKinsey, pour « manager en mode projet ».

Le premier mentor, Klaus Schwab, eut tout le loisir de déposer dans les synapses de son jeune élève le corpus idéologique du « capitalisme global ». L'autre parrain le revendique comme son disciple.

J'ai eu, avec Jacques Attali, un aparté édifiant au Cirque d'Hiver[1], où nous débattions de l'Europe. Profitant de la pause en coulisse, nous avons échangé nos souvenirs communs sur Mitterrand, la cohabitation, les années 80. C'était jubilatoire. L'homme est agréable et vif. Tellement rapide… Ce soir-là, il a mis la salle – eurocritique – dans sa poche avec une première réplique qui a fait mouche :

– Je ne savais pas, en venant ici, que je serais un peu comme un lapin invité à un dîner de chasseurs…

Ovation du public. C'était pile dans la cible. Bravo l'artiste ! Au cours de notre échange discret, je lui ai demandé la confirmation d'une reconnaissance éventuelle de paternité spirituelle pour le jeune Emmanuel « que nous aimons bien tous les deux ». N'était-ce

1. Soirée « Dialogues sur l'Europe », organisée par *Valeurs actuelles* au Cirque d'Hiver le 25 avril 2019.

qu'une rumeur médiatique ? Il m'a répondu avec une grande franchise et un large sourire :

– Emmanuel Macron ? C'est moi qui l'ai *repéré*. C'est même moi qui l'ai *inventé*. Totalement. À partir du moment où je l'ai choisi comme rapporteur-adjoint de ma commission, où il y avait le Tout-Paris et le monde entier, je l'ai fait connaître. »

Il a dit la même chose à Anne Fulda[1]. C'était donc vrai. Le jeune Macron est sorti de la poêle à frire de Jacques Attali. Avec lui, il a appris à communier sous les deux espèces : le progressisme et le mondialisme...

Nous ne partageons pas la même vision de la société mais je lui reconnais une vaste culture et une vraie agilité intellectuelle. Attali a façonné le jeune Macron qui a tout appris de lui et qui, d'ailleurs, avec Brigitte, m'en a fait la confidence sans fausse pudeur. C'est le fameux « en même temps », qui vaut en toutes circonstances – même pour les visiteurs du soir : en même temps Attali et Villiers.

Il faut reconnaître à Jacques Attali d'avoir eu la prescience, dès la survenance de la grippe H1N1, de la grande réinitialisation actuelle. Sur son blog, il a écrit, d'une plume de veilleur à infrarouge, un article intitulé : « Changer, par précaution ». C'est le programme Macron. Le maître, dès 2002, avait tout prévu : « L'Histoire nous apprend que l'humanité n'évolue significativement que quand elle a vraiment *peur*... La pandémie qui commence pourrait déclencher une de ces peurs structurantes. [...] On devra mettre en place une police mondiale, un stockage mondial et donc une fiscalité

1. Anne Fulda, *Emmanuel Macron, un jeune homme si parfait*, Plon, 2017.

mondiale. On en viendra alors, beaucoup plus vite que ne l'aurait permis la seule raison économique, à mettre en place les bases d'un véritable *gouvernement mondial.* C'est d'ailleurs par l'hôpital qu'a commencé en France au XVIIe siècle la mise en place d'un véritable État[1]. » Incroyable prémonition. En route pour une gouvernance planétaire ! Comme si tout était déjà pensé... Le jeune disciple Emmanuel n'a eu qu'à plonger la main dans la trousse à outils.

Le Covid aura été un banc d'essai pour toute la vieille Europe où rôdent la peur et la menace, afin d'inaugurer une nouvelle manière de vivre. Derrière le sanitaire, il y a autre chose qui se profile : un asservissement anthropologique et qui, justement, nous plonge dans le naufrage dont je viens de parler. L'objectif ultime est de nous faire accepter la domestication définitive de nos jardins intimes au profit d'un œil de Caïn plus puissant que les puissances publiques. La chasse est ouverte – la chasse à l'indépendance économique, l'indépendance de caractère et du pas-de-porte, l'indépendance d'esprit. Le ministre de la Santé belge, Frank Vandenbroucke, a reconnu que la décision de fermer les commerces, en Europe, n'était pas vraiment sanitaire mais psychologique : « Il fallait créer un *électrochoc* », avoua-t-il. On a traumatisé les commerçants des centres-villes pour qu'ils se résolvent à baisser le rideau. Pourquoi donc s'est-on acharné sur les indépendants ? Pourquoi cette ordalie du petit commerce ? Quels sont les intérêts qui sont derrière cette immolation symbolique ? Nous y voilà.

Devant toute l'assemblée de la French Tech, au palais de l'Élysée, dans l'entre-soi de la « communauté

1. http://www.attali.com/societe/changer-par-precaution/

numérique », le chef de l'État se laissa aller à un aveu éloquent : « Le Covid aime le numérique. On a pu le constater. Il suffit de regarder les valorisations des grands groupes d'internet. C'est une très bonne période, le Covid réduit la capacité à interagir physiquement. C'est très dur pour les métiers de convivialité ou tout ce qui est physique. C'est *plutôt bon pour ce qui est numérisé*[1]... » La salle est euphorique, le ton est presque religieux, l'idée de la conquête des âmes, après celle des corps, affleure dans le propos. La résolution de changer la France, de changer de France, s'entend à l'oreille nue. Il y a de beaux jours pour la Biotech.

J'ai compris, avec le recul, que le dispositif anti-Covid était à la fois une *préfiguration* de la félicité numérique et un *sas expérimental* pour les concepteurs et acteurs du Nouveau Monde. Ainsi a-t-on inauguré la muselière pour l'apprentissage d'une liberté bridée – l'expérience est concluante –, la fermeture des petits commerces pour passer aux achats en ligne, le télétravail pour apprivoiser la Tech domestique du séjour d'intérieur perpétuel, le télé-enseignement pour ouvrir la voie aux bonnets d'âne de l'école à distance, l'accélération des facilités sur l'avortement, la PMA pour nous initier à la post-humanité sans filiation de l'*homme total*, la messe en ligne pour accorder de nouvelles indulgences laïques aux cathodiques romains, la distinction des « essentiels » et « non-essentiels » pour préparer la fin de tous ces métiers de la « France moisie », d'avance condamnés par la Big Tech qui prépare la grande moisson des solitudes numériques et attendent

1. *Discours du Président de la République aux acteurs de la French Tech*, le 14 septembre 2020, palais de l'Élysée.

le prochain microbe avec une sorte de gourmandise prémonitoire.

Nous avons été privés de toutes les grandes libertés publiques : la liberté d'aller et venir, la liberté de travailler, de créer, d'entreprendre, de se rencontrer, la liberté du culte, la liberté de vivre la France comme un acte littéraire. Pendant ce temps-là, on nous a invités à se laisser apprivoiser par les plateformes virtuelles. Et elles nous ont conquis. Appelées à devenir le compagnon de tous les instants. Notre vie privée, désormais, leur appartient.

La vie va se rétrécir. On nous recommandera de rester le plus longtemps possible à la maison. Par sécurité – pour rester en bonne santé – et pour éviter de respirer par les yeux les gouttelettes sournoises qui se promènent au feu rouge, sauf à porter, en complément du masque, le loup de Zorro. Le danger, chez soi, sera la déprime. Alors, on se sentira finalement soulagé d'avoir sous la main, auprès de soi, à portée de chagrin, une présence, une console de consolation.

L'épadhisation de la vie nous donnera accès à un tiers accompagnant, un auxiliaire de vie digitale. Les gens de chez Google ont un cœur numérique gros comme la planète. Ils ont prévu jusqu'à l'éventail de nos ultimes passe-temps. On aura le choix entre caresser le siamois qui miaule et promener la souris qui clique.

V

Le mouchard et le gendarme

Les visionnaires de l'épouvante qui, d'une plume volontiers délirante, modelaient, au siècle dernier, un réel imaginaire pour nous faire trembler d'effroi, sont aujourd'hui sagement rangés sur l'étagère ; ils sont devenus des « classiques » du roman d'anticipation. Le fait est que nous avons finalement vécu ce qu'ils ont inventé. Ce n'est donc plus de la fiction. Tout s'est passé comme prévu... On dirait qu'ils étaient déjà là, à écouter derrière nos portes, à voler nos petits secrets pour les configurer à leur univers de composition, à la fois invraisemblable et divinatoire.

Mais, pour peu que nous prêtions attention aux signes des temps, nous sommes désormais bien au-delà de leurs prémonitions. Les enfants du Covid seront même d'avis que le brave Orwell avait mis dans sa plume un peu trop de retenue, et que les scénaristes de la série dystopique *Black Mirror* sont comme dépassés par la « nouvelle normalité ».

Nous ne sommes plus en « 1984 », la fameuse date butoir qui était un horizon de frayeur. Orwell annonçait qu'il y aurait partout, dans la rue, les fameux *télécrans* d'intimidation et de contrôle social et intime :

« Big Brother vous regarde. » Il ne nous regarde plus depuis la rue, ou depuis le mur de notre chambre, mais de l'intérieur de nous-mêmes, il ausculte nos viscères et nos émotions lui appartiennent. Il n'est pas un surveillant en uniforme planté derrière ses écrans mais un programme informatique, enregistrant froidement chacun de nos gestes, chacun de nos battements de cœur, chacune de nos opinions. Nous avons changé d'univers. La fiction a produit du réel. Et notre quotidien est lui-même devenu largement fictif. Nous sommes entrés dans une *société de science-fiction.*

Les menaces sur la santé et sur les écosystèmes, brandies comme des justificatifs, auront été les portes d'entrée du cybercontrôle. Nous allons apprendre à nous gouverner autrement. On nous annonce nos dépouillements à venir, la fin des possessions personnelles, en même temps que l'inspection du for intime par les algorithmes, la police secrète du prochain siècle.

Dans la « société disciplinaire » axée sur le contrôle social, entrevue par Michel Foucault, il n'y aura plus que des loueurs et emprunteurs, ce sera la sphère publique qui possédera tous les biens et deviendra le propriétaire exclusif des richesses de la nation. À cet égard, l'endettement généralisé post-Covid des États et des créateurs de valeur ajoutée est une sorte de sas préparatoire symbolique de ce nouvel état où les endettés se résignent à entrer dans une douce dépendance. Il y a là une sorte d'échange équilibré entre l'allocation des bienfaits publics et l'assiduité civique des bénéficiaires de bonifications du « crédit social » à la chinoise. Dépendants mais heureux. Nourris – logés – blanchis – connectés.

En trente ans, nous avons assisté à deux chassés-croisés historiques qui se sont succédé : le premier s'est organisé comme le passage de relais du citoyen, bientôt déclassé ou plutôt *périmé*, comme on dit d'un produit gâté, au consommateur mondial, devenu souverain sous influence marketing. Souveraineté relative et surtout éphémère : en effet, il fut vite détrôné puis asservi par les nouveaux féodaux[1] – qu'on appelle les disrupteurs. Ceux-là rompent les derniers liens charnels et tirent discrètement les ficelles de nos petits Gulliver empêtrés par le web.

L'empire biotechnologique est en train de s'installer comme une sorte de collectivisme privatif. Nous sommes tous appelés à tweeter nos impudeurs dans les phalanstères du scientisme virtuel. Mais, dans la société de la Tech, les asymétries d'information entraînent un grave déséquilibre des pouvoirs. Qui connaît la technologie est maître du jeu et des aiguilles. On a même inventé le mot « influenceur » pour désigner l'empathie digitale des instagrameurs et youtubeurs.

Les réseaux sociaux comptent un milliard d'individus de plus que la Chine. Ce sont des États digitaux hors-les-murs qui commandent, depuis leurs domaines virtuels, à des sujets beaucoup plus nombreux et réactifs que les vieilles puissances régaliennes décaties. Les enrichis du système, ce sont donc les propriétaires de cyberfiefs – les plateformes. Les apanages de la nouvelle suzeraineté globale sont désormais les territoires numériques. On n'a jamais eu à voter pour ces gens-là. Ils gouvernent nos vies et nous toisent de leur regard vitreux. Ils ne sont pas neutres. La technique n'est jamais neutre. Ce sont des contenants à fort contenu subjectif

1. Olivier Babeau, *Le Nouveau Désordre numérique. Comment le digital fait exploser les inégalités*, Buchet-Chastel, 2020.

et subliminal, ils arrivent chez vous discrètement pour dispenser leur propagande et leur moraline intéressée. Ils sont la nouvelle canaille mondaine d'une planète post-morale et post-nationale, qui est entrée dans toutes les familles pour y truster les affections.

Après le vieil Oncle Sam, voici le jeune Oncle Algo. Ainsi surnomme-t-on en Californie la main invisible des *algorithmes* qui prétend sauver le monde mais cherche surtout à sauver la peau des hommes de la Valley. La figure d'une féodalité numérique planétaire s'est déployée quand elle a deviné dans les courbes du Covid une crise providentielle pour sauver une mondialisation marchande, financière et libertarienne qui a échoué à être heureuse et voit poindre la dette et la révolte.

Au cours des dernières décennies et sous la férule des titans technologiques, pharmaceutiques et financiers, quelques hommes puissants ont, à la faveur du recul et de la lenteur des États décadents et bureaucratiques, organisé un réseau d'allégeances, un *dominium mundi* à leur profit. Mais ce *dominium* a besoin de chacun de nous pour assurer sa bienveillante dictature participative. Il réclame notre addiction.

Les rentiers du numérique gagnent beaucoup d'argent, ils détruisent sans créer et ne produisent rien : le produit, c'est *nous.* Nos données personnelles, qu'ils s'efforcent de contrôler à tout prix, sont leur rente infinie, la manne numérique des Big Tech. Convertis au capitalisme de surveillance, nous nous installons dans une société panoptique, selon la description de Bentham. Une architecture carcérale, circulaire et intégralement transparente dont on ne s'échappe pas. De partout, on nous regarde, il n'y a pas d'angle mort pour nos « intendants ».

Oncle Algo connaît tout de nous, il se penche sur notre sillage, c'est nous qui semons pour lui les petits cailloux noirs et blancs, zéro et un, sur la route de nos humeurs digitales et vaccinales. Ainsi peut-il tout collationner de nos envies, de nos dilections, de nos manies et même de nos tocades les plus discrètes. Nous avons tous vocation à devenir le *lumpenprolétariat du clic.* Aujourd'hui, l'Oncle Algo prétend nous protéger d'un virus au nom du principe que lui seul a le droit d'être *viral.* Après avoir reconfiguré nos vies, transfusé l'économie, redessiné les relations sociales, il prend en charge la gestion de notre bien-être et de celui de nos enfants.

Oncle Algo n'est personne en particulier. Juste un spectre reflétant la masse de nos données, un spectre qui voit tout, partout, sans être vu, jamais. Ce sont ces milliards de milliards de données que nous concédons, à chaque seconde, aux algorithmes mondiaux et qui nous sont restituées sous forme de prédictions de nos choix, de nos comportements, de nos attirances, de nos accointances…

Nos données sont aspirées, traitées et revendues par les mégafirmes technologiques, elles investissent peu mais cette masse d'informations, dont nous sommes la source vive, coule comme un torrent de perles chatoyantes, c'est une rente illimitée qui défie les lois de la conscience humaine : « Tu gagneras ton pain à la sueur de ton front. » C'est fini… Plus besoin de sudation… Retour à l'éden des abondances primordiales. Une nouvelle tectonique a déplacé nos sociétés, dans un ébranlement qui a tout chamboulé – nos ancrages, nos voisinages et même nos goûts…

Nous vivons une sorte de parabole du *mouchard et du gendarme* : le *gendarme* – le gouvernement, curieux de nos inclinations – donne la pièce au mouchard pour qu'il tende l'oreille et qu'il fasse rapport. Et le *mouchard* – l'algorithme collecteur – dénonce au gendarme les outrances éventuelles de notre verbe, quitte à jouer parfois, si on le lui demande, l'homme de main – qui coupe les tuyaux – quand la toile devient toge et s'érige en agora judiciaire.

L'empire de Big Data est gigantesque. Il a la mainmise sur les États, les entreprises et les individus. Les gouvernants lui demandent donc de prévoir nos agissements mais aussi de modéliser le nombre de morts d'une épidémie… Il est capable de guider et même d'infléchir nos décisions. Ainsi, le succès du gestionnaire d'actifs le plus puissant du monde, le fameux BlackRock qui conseille aussi bien les États que la FED aux États-Unis et la BCE en Europe, repose tout entier sur un fabuleux génie nommé « Aladdin » : une plateforme technologique de six mille serveurs équipée d'une intelligence artificielle réalisant des analyses prédictives uniques au monde sur le mouvement des marchés. Nous sommes entrés dans un nouvel âge, post-politique. Les petits bordiers que nous sommes paient la dîme aux propriétaires-prédateurs du Big Data et du Big Pharma, des philanthro-capitalistes milliardaires et libertariens qui murmurent à l'oreille des gouvernants – devenus leurs domestiques en costume de ville. Tous, ils ont dans l'idée, avec ce millénarisme du web, d'unifier l'humanité et de sortir de leurs mains digitales les argiles de « l'Homme nouveau ».

Ils sont à la fois les premiers artisans du chaos actuel et ses premiers cueilleurs d'aubaine, si l'on en juge par l'explosion de leur fortune depuis l'arrivée du Covid. Nous ne sommes plus en face d'une saga d'aventuriers du capitalisme à l'ancienne, se déployant à partir des règles du marché et de la libre concurrence, nous sommes devant les rançonneurs d'un *pouvoir total.* Dans ce monde-là – d'obsolescence des puissances publiques –, les entreprises ne sont plus des organisations socio-économiques, qui produisent de la valeur ajoutée sur un marché, mais des plateformes vivant essentiellement de la rente illimitée, générée par le contrôle des données, régnant sans partage sur les chaînes de valeur globale et prescrivant par tous les canaux au monde entier leur vision sociétale et la morale pétrifiée de la Silicon Valley.

Dans son dernier livre[1], Klaus Schwab annonce l'émergence du « *stakeholder capitalism* » – le capitalisme des parties prenantes, autrement dit la coproduction formelle des règles économiques par les groupes d'influence, la privatisation de la définition du Bien commun et de l'intérêt général. Il invite les dirigeants et les conseils d'administration des entreprises à tenir le plus grand compte « des nouveaux groupes de lutte pour la justice sociale : Black Lives Matter, les groupes de défense des droits LGBTQ, etc. ». Pour faire émerger une nouvelle dissociété d'individus-consommateurs, on a besoin d'une société hyper violente.

Dans un discours à Harvard, en 2017, Mark Zuckerberg, le fondateur de Facebook, a même présenté son propre « projet pour la société mondiale », à tonalité très politique et plaidant pour des *communautés entrepreneuriales,* qui ont vocation à délivrer le *sens de l'existence.* Ce fantasme hallucinatoire de l'entreprise à message pro-

1. Klaus Schwab, *Stakeholder Capitalism : A global economy that works for progress, people and planet,* Wiley, janvier 2021.

phétique fait froid dans le dos. Bien au-delà de l'économie, affleure une vision idéologique qui participe de l'installation du grand Déni : le déni des *Frontières* avec le *cyberespace* virtuel ; le déni du *Temps* avec la *post-temporalité* du surhumain ; le déni du *Sexe* avec le *genre* ; le déni de *l'Altérité* avec la fusion du physique, du biologique et du numérique...

En réalité, on cherche à nous faire oublier que ceux-là mêmes qui prétendent aujourd'hui « sauver le monde » ont travaillé d'arrache-pied depuis des années à la cause de ses grands malheurs, car ils furent les promoteurs et bénéficiaires du productivisme, de la généralisation d'un libre-échange boulimique et grand déménageur, de la financiarisation déraisonnable de l'économie mondiale, du capitalisme virtuel du « tout sans frontières » qui nous a ramenés à la frontière *domestique* de l'assignation à résidence. Cette mondialisation apparaît finalement comme bien *malheureuse*, sauf pour les classes dites supérieures, qui se croient encore à l'abri de leurs propres excès. Le chaos risque de les emporter comme il bouscule déjà les classes moyennes aux États-Unis et en Europe. Un jour, tout explosera.

Ils ont changé les termes du pacte social. La globalisation n'a tenu aucune de ses promesses et nous a au contraire entraînés dans une dégringolade générale : la déculturation, la désindustrialisation, la nature abîmée, la grande transhumance de la misère, les riches de plus en plus riches, les pauvres de plus en plus pauvres, etc.

Avec l'abolition des frontières et la nouvelle religion de l'ouverture à tout crin, il a fallu innover : chacun est devenu son propre douanier, appelé à stopper la ronde de tous les microbes en migration, pendant qu'on ouvrait les barrières extérieures. Le contrôle des individus est donc aujourd'hui un enjeu prioritaire pour les gouvernements et les planificateurs du mondialisme 4.0. Il s'avère en effet pensable et praticable dans des proportions inédites grâce à l'entrée dans l'ère digitale.

Mais le succès n'est qu'apparent. Tout cela dissimule une grande déconvenue. La nouvelle économie de la Silicon Valley et son idéologie californienne à connotation thaumaturgique n'ont pas réussi à sauver la globalisation du libre-échange. En témoignent les bulles boursières, l'endettement privé gigantesque, les déficits publics, la stagnation, la déconnexion de l'argent avec l'économie réelle... Tout cela finira mal.

Le monde de nos élites globales se laisse prendre encore aujourd'hui au magnétisme de ces entrepreneurs anarcho-hédonistes, éternellement jeunes, empathiques, généreux, aux ivresses insolentes et dérisoires. Leur saga d'anciens hippies, reconvertis, depuis leurs garages de la côte Ouest, en bidouilleurs de technologies libertaires, affectant aujourd'hui comme hier de porter barbe de hipster et piercing dans le nez, captive encore par la fulgurance de leur course astrale.

Depuis quelque temps, ils ont franchi une nouvelle étape, ils veulent décrocher la lune, ils se mirent dans les étoiles ; ils déposent dans le ciel des milliers de satellites comme, jadis, avec la même désinvolture, les hypermarchés inauguraient des têtes de gondole sous des hangars géants. En réalité, ces Faustiens immatures, qui jouent avec leurs cornues expérimentales et travaillent à l'avènement du *Techno-sapiens*, promènent leurs fantasmes dans la démesure. Ils sont en train de mettre le monde à plat, ils s'ingénient à le vider de la vertu de *compassion*. Les généreux idéaux affichés sont restés lettre morte. Ce qu'il nous reste de sens commun nous oblige à constater qu'au cours de ces trois dernières décennies, leurs prétentions à « l'émancipation » des délaissés de l'humanité ont été gravement contredites par le réel. Où est passée la fameuse « Main invisible » des théoriciens libéraux, qui ne juraient que par le divin marché, au nom d'une promesse douteuse ?

On a vu se constituer des monopoles transnationaux monstrueux, exerçant le contrôle numérique, en amont et en aval, de toutes les *chaînes de valeur globale* qui ont fini par nous... *enchaîner.* Les centres de décision sont concentrés entre quelques mains. On est passé d'un capitalisme de valeur ajoutée à un capitalisme de prédation. Ainsi s'est inversée la fameuse « destruction créatrice » de Schumpeter, devenue la « création destructrice » de Darwin. On détruit de plus en plus d'emplois et on en crée de moins en moins. Quant aux inégalités sociales et géographiques, elles se sont creusées. La perte d'autonomie des utilisateurs, asservis à leurs territoires virtuels, rivés à leurs logiciels, est parfaitement contraire à l'idéal d'émancipation qui était proclamé. Tout ce monde-là, hors de contrôle, a perdu pied. Mark Zuckerberg, le fondateur de Facebook, a ainsi exprimé son délire : « Mon objectif n'a jamais été de créer une entreprise. Mais de bâtir quelque chose susceptible de changer le monde[1]. »

Aucune organisation étatique ou inter-étatique ne peut réguler le flux, le flot incessant et le long murmure des pensées vibrantes, qui se livrent, corps et biens, à leur petite machine siamoise, le miroir sans tain de leur ego. L'Union européenne a laissé le grand frère américain s'amuser à ses jeux virtuels et, maintenant, le petit colon de Bruxelles n'a plus que ses yeux pour

1. *Le Figaro*, 4 mars 2021.

pleurer sur les écrans de son protecteur qui pourvoit à ses distractions. Il « va réguler », proclame-t-il, pour ne pas perdre la face. On n'a jamais vu un serf commander à la seigneurie.

L'empire colonial impose son ordre à lui mais aussi sa théophanie. Nous sommes devant un phénomène sectaire d'une force inouïe. Au point qu'il n'y a plus d'espace public. L'agora appartient à la nouvelle puissance oligopolistique. C'est elle qui, finalement, dessine, définit et encadre la parole publique. Les plateformes font respecter les dogmes, la liturgie, la morale du « Nouveau Monde ». Il n'y a plus, face à elles, ni juge, ni législateur, ni régulateur, ni précepteur... Elles sont le pouvoir. Elles représentent la source unique de légitimité. Il y a quelque temps encore, on reconnaissait le pouvoir politique au fait qu'il contrôlait les médias. Aujourd'hui, c'est l'inverse : ce sont les médias, sous la pression des *influenceurs,* qui contrôlent le pouvoir politique.

En janvier 2021, l'histoire retiendra que se sont déroulées, aux États-Unis, *deux* passations de pouvoir. Celle qui est intervenue entre deux présidents successifs et qui fut pour le moins mouvementée. Et celle qui eut lieu quelques jours auparavant, non pas entre deux hommes mais entre deux puissances, la *publique* et la *privée.*

La première perdit la parole, confisquée par la seconde. La Tech censura et destitua à sa manière un chef d'État sans autre forme de procès. Ce fut un *impeachment numérique.* On avait oublié que Twitter est d'abord une entreprise privée, qui applique à sa guise ses règles générales d'utilisation. Conclusion : la première puissance du monde est aujourd'hui déchue, elle parle sous conditions, elle est passée sous les fourches caudines d'une puissance privée qui, sous les regards complaisants et serviles des colonies numériques du nouvel empire, vient d'affirmer son hégémonie planétaire. À qui le tour ?

La Big Tech avait promis la prospérité pour tous. Je me souviens de Steve Jobs, dans les années 80 : il parlait comme un apôtre. Il annonçait l'aube d'une ère nouvelle, d'une terre revivifiée qui allait devenir un grand verger de croqueurs de pommes. Macintosh se préparait à « réenchanter le monde ». La Big Tech a échoué ou menti. Elle promet, pour demain, de sauver la planète de ses blessures biodiversitaires et, pour après-demain, de tuer la mort avec l'*humanité augmentée.* Oncle Algo et les stars de la Big Tech considèrent l'humanité comme de la pâte à modeler. Ils développent, à travers des fondations, un philanthro-capitalisme avide et terrifiant, investissent dans la techno-médecine et la vaccination de masse, ils recrutent même en leur sein les prophètes du transhumanisme, comme Ray Kurzweil chez Google, et aussi les alchimistes de l'eugénisme, au nom d'une course technologique sans fin avec la Chine. Ils savent que la puissance des microprocesseurs double à coût constant tous les dix-huit mois, cela les incline à l'euphorie et encourage leur activisme cupide.

On leur parle de l'urgence bancaire, ils fondent sur la banque. On leur parle de l'urgence climatique et des oukases de Greta Thunberg, ils se ruent sur l'affaire en saturant tous les canaux pour démontrer que le numérique garantirait la survie de la Nature... en surexploitant au passage les sous-sols et en faisant travailler les enfants d'Afrique. Avec l'apparition du Covid et les confinements de pays entiers induits par les modélisateurs fous, Big Data s'est présenté, avec son cousin germain Big Pharma, en sauveur de la vie humaine. Ils osent promouvoir ce qu'ils appellent la « nouvelle normalité ».

Cette soi-disant « grande ouverture » libératrice a débouché sur « l'horizon glacé du calcul égoïste », façonnant une société carcérale du contrôle total par le numérique. L'histoire retiendra que la déconstruction nihiliste fut enclenchée en Occident par la classe dirigeante issue des Boomers, cette génération d'enfants gâtés qui aura pu, toute sa vie, depuis sa naissance jusqu'à sa mort, « jouir sans entraves » et qui, aujourd'hui, voudrait tout interdire à tout le monde en soutenant un enfermement qui tue sans doute plus que le coronavirus.

Les décisions inédites – aux fruits amers – d'un confinement à l'aveugle ainsi que la déchirure des tissus conjonctifs de la France industrieuse apparaîtront-elles aux historiens du futur comme autre chose que le déclenchement *providentiel* du Grand Reset ? C'est-à-dire un effondrement provoqué, pour ne pas avoir à le subir, d'une mondialisation libérale plombée. Une mise en redressement judiciaire, une ultime tentative de sauvetage de Globalia, la première victime de ce qu'elle a elle-même engendré : les bulles financières, les dettes, la fin du pétrole, la course effrénée – notamment technologique – avec la Chine, les désastres écologiques et climatiques, la désintégration européenne, l'islamisation de l'Occident, les populismes, les gilets jaunes... Voilà bien une remise à zéro de la dernière chance pour la « quatrième révolution industrielle », rêvée et annoncée depuis longtemps par les « hommes de Davos » : ils ont appuyé sur la touche « *pause* » – pour provoquer la mise en coma artificielle –, puis sur la touche « *reset* » – pour obtenir le grand effacement – et enfin sur la touche « *reload* » – pour donner le branle au chargement du logiciel mondialiste 4.0, afin de favoriser le passage au tout-digital d'une humanité de guimauve, ressemblant à un nuage de poussière de voisins d'écrans, une cohorte informe d'ahuris, au regard vague, errant dans une société ouatée, sans mémoire ni légende, en apesanteur, une société post-historique.

C'était donc cela, « la mondialisation heureuse » ? Le rideau de fer est tombé. Mais, trente ans après, nous voilà emmurés. Souvent, avec nostalgie, mesurant l'abîme qui sépare les fractures de l'histoire ancienne de notre apocalypse de « remise à zéro », je repense à la chute du Mur et aux hurlements de joie qui saluaient le retour de la civilisation aux anciens parapets. J'ai encore dans l'oreille les rires de l'Europe post-pénitentiaire qui avait retrouvé la « vieille maison ». On s'embrassait. On faisait collection de pierres descellées, on écoutait le violoncelle de Rostropovitch. Nous allions tous respirer amplement, à l'air *libre*. Bientôt, les Polonais, les Hongrois se tournèrent vers nous. Ils nous écoutaient avec un brin de surprise puis un semblant d'inquiétude, ils nous regardaient vivre, stupéfaits. Ils avaient faim mais ils nous voyaient goulus. Ils étaient comme la fille lunaire de *La Strada* de Fellini qui regarde passer le triporteur du forain ambulant, briseur de chaînes, grossier et indélicat… La pauvre fille, très vite, va regretter d'être ainsi elle-même enchaînée par sa fascination. L'Est nous parlait le langage des forces de l'esprit. Et nous parlions le langage des forces de vente et du grand marché. Le consommateur irrépressible était pour nos amis de l'Est une sorte de Huron chez Stanislas. « L'individu ! » leur disait-on. « La ferveur ! » répondaient-ils. Le consumérisme qui devait épanouir notre monde promis à l'hédonisme a tout emporté, de l'Ouest à l'Est. Cracovie croque les big mac. Tout le monde a rejoint le Fast Food.

Et voilà que cet individualisme qui se voulait refondateur finit piteusement en un collectivisme autoritaire, une sorte de « digital socialisme ». Un cauchemar. Retour à la case départ. Où est passé le fameux Progrès qu'on nous avait vanté comme imminent ?

Nous sommes entrés dans une ère nouvelle où la vie privée se restreint de jour en jour. C'est une régression. Il suffit de prêter attention au nouveau vocabulaire, il est angoissant : on nous annonce ainsi que nous allons être « tracés ». Le traçage est la reconstitution a posteriori des mouvements de population et, singulièrement, des déplacements individuels. Et puis viendra l'étape suivante, avec le mot qui est déjà en salle d'attente, le « *tracking* ». Nous serons tracés en temps réel, c'est-à-dire qu'on nous suivra, sur un immense écran de science-fiction où les petites étoiles en mouvement figurent autant de promeneurs. Bonjour la grande fourmilière.

Et de quoi nous parle-t-on pour renouveler nos rêves ? De l'hybridation homme-machine : « Si vous ne pouvez pas battre la machine, devenez-en une », nous exhorte Elon Musk, le fondateur de Tesla et SpaceX. Tous les cosmocrates s'inclinent : « Quel surhomme ! »

La question majeure des temps qui viennent est celle de la liberté. L'autonomie était praticable dans une économie fragmentée, elle ne l'est plus dans un monde d'un seul tenant qui se dénationalise et se tribalise. La *gouvernance* biopolitique mondiale qui se met en place au service du 1 % le plus riche de l'univers confirme la tendance à la reféodalisation du monde. L'économiste Cédric Durand[1] qualifie de « technoféodalisme » ce capitalisme cannibale qui se décline en une cascade

1. Cédric Durand, *Technoféodalisme : critique de l'économie numérique*, Éditions la Découverte, 2020.

d'allégeances : les serfs que nous sommes, attachés à la « glèbe digitale » du cyberespace, la classe seigneuriale, les États vassaux, les firmes transnationales qui dominent les États et tiennent en leurs mains l'avenir du monde. Ces techno-prophètes croient au *reset* de l'éden, ils s'emploient à dérober le feu et la vie : « *Sicut dei eritis.* » Vous serez comme des dieux…

VI

Les derniers roulis de l'ancien monde

Pour justifier la nécessité et l'actualité d'une *gouvernance planétaire*, l'inventeur de la sémantique du Great Reset cite un de ses amis, un universitaire de Singapour : « Si nous sommes aujourd'hui 7,5 milliards de personnes les unes sur les autres dans un bateau de croisière infecté par le virus, est-il logique de nettoyer et de récurer uniquement nos cabines personnelles tout en ignorant les couloirs par lesquels le virus voyage ? La réponse est clairement non. Pourtant, c'est ce que nous avons fait... Puisque nous sommes maintenant dans le même navire, l'humanité doit prendre soin du bateau mondial dans son ensemble[1]. »

À moi qui suis un marin d'eau douce, cette métaphore nautique de l'humanité ballotée sur la vague n'est pas indifférente. Elle parle à mes souvenirs, à mon enfance : l'image d'un bâtiment de haut bord qui fait donner la corne de brume, à la nuit tombée, puis qui largue les amarres... Tous ces petits hublots lumineux à hauteur du quai, qui laissent deviner les cabines et leurs occupants... Le paquebot qui s'arrache, puis qui

1. Klaus Schwab, *Covid-19 : la Grande Réinitialisation*, *op. cit.*, p. 24.

disparaît. Il porte le nom prestigieux du *Falaise* ou du *Brittany*...

Nous sommes à Saint-Malo, en vacances. C'est une sorte de rendez-vous rituel, au mois de juillet, nous venons, sous les remparts, assister au grand départ de la croisière pour l'Angleterre. Une aventure enfantine dans l'aventure marine.

Ces vacances, à Rothéneuf, près des Rochers sculptés, nous donnaient, chaque été, à renouer avec des fréquentations mythiques : l'illustre Jacques Cartier mais aussi un corsaire obscur qui entra bien vite dans la compagnie de mes songes. Il s'appelait Quic-en-Groigne, et demeurait près de la Grande Porte d'honneur, où il séjournait dans un petit musée de cire et de lumière.

Chaque année, avec mon frère Bertrand, fidèles à la mémoire vive des vagues d'émeraude et de l'odeur des immortels dunaires, nous revenons en pèlerinage à Rothéneuf, en aller-retour, juste pour un bain rituel, dans l'anse du Val, qui fut notre plage d'enfance, surplombée, en arrière du remblai, par la villa Ker Sainte-Thérèse où nous séjournions en famille.

Quand nous sommes revenus, pour la dernière fois, c'était en plein Covid. Les Malouins étaient encagoulés. Quic-en-Groigne, qui ne sortait pas sans un cache-œil sur le front, n'aurait jamais porté le masque. Jacques Cartier n'aurait pas accepté d'être confiné. Où est passée la ville corsaire de mon enfance ? Que restera-t-il de l'esprit français ?

Au moment où tout se dissout dans les sables mouvants du virtuel, Rothéneuf demeure un roc. Immuable. Éternel. Rien, là-bas, n'a changé de place, changé d'aspect, changé d'odeur. Je respire, je retrouve mon enfance à plein nez. En observant le vol imperturbable des mouettes savantes, je me dis qu'elles ont connu Surcouf et accompagné Duguay-Trouin dans les premiers miles, au large de Paramé. Gageons que, pour ces oiseaux de mer familiers qui raillent au-dessus du goémon, il n'y aura jamais de *réinitialisation.* La mer en numérique, c'est impossible ! Rothéneuf tient bon. C'est un refuge. Ouf ! Nos souvenirs du petit matin s'habilleront toujours du même ressac, jusqu'au dernier bain de jouvence.

Depuis une petite baie, tout en haut de la villa, notre cher père invitait souvent ses enfants à regarder la mer, juste pour le plaisir des yeux. Pour goûter les immensités où flottent de petits moutons blancs et des soleils ardents, chaque matin de notre séjour, quand nous préparions les pelles pour les bateaux de sable, il observait, au lointain, derrière les rochers mythiques de Bénétin et La Bigne – des noms de corsaires –, les îles Chausey. Si on les voyait trop distinctement, c'était signe de pluie. Si, au contraire, elles avaient disparu dans la brume, cela voulait dire que le temps allait se lever. Mon père riait de bon cœur :

– Les enfants, on va avoir une belle journée...

Cette promesse d'une brume dissipée était toujours accompagnée, agrémentée de quelques élégances éducatives :

– Mes enfants, vous qui êtes des bocains, élevés derrière les haies vives, demandez-vous pourquoi les vieux, sur le remblai, là-bas, restent des heures à regarder le large. Pas simplement parce que la mer nous introduit à la poésie de la vie, du reste inépuisable avec la couleur changeante de ses ourlets... Mais surtout, elle fournit aux humains une idée immédiate, physique, de la civilisation. À cause de ses trois reflets de vie intense : le *risque,* le *rêve, l'infini.* Le *risque* de prendre la mer, c'est le risque du naufrage. La mer vous surprend, elle a du caractère, elle peut s'emporter. Pour les marins, le risque est une civilité de tous les jours. Le *rêve*, c'est la pêche miraculeuse, le retour au port des ancres d'affection, le légendaire des hauts-fonds. Et puis *l'infini*, là-bas – regardez bien – la mer ne se termine jamais.

Notre père nous a fait comprendre très jeunes que la mer et la vraie vie ont partie liée, qu'elles nous donnent à réfléchir sur la civilisation.

Pour que l'humanité se maintienne à fleur d'eau, à fleur de mœurs, il faut des preneurs de *risque*, des donneurs de *rêve* et surtout des goûteurs de *l'infini*, car il n'y a pas de civilisation sans l'attrait de l'inconnu, sans la présence de l'invisible, sans l'insondable mystère de notre humanité.

C'est cette culture de la mer empanachée par les souvenirs d'enfance qui m'a préparé, beaucoup plus tard, à caresser l'idée de changer l'image de ma Vendée natale. C'était au début des années 80. J'étais devenu le jeune président de mon département, je maugréais en pensant à la belle image de Saint-Malo, de la Bretagne, de l'Armorique... J'étais jaloux.

Je me suis dit qu'il fallait retrouver la parabole de Rothéneuf. Faire rêver les Français et montrer au monde que le double cœur – le symbole de la Vendée – est un logo de conquête, d'ouverture, de risque et de modernité.

Nous sommes en 1987. J'ai la chance, à ce moment de ma réflexion, de retrouver Philippe Jeantot, rencontré pour la première fois lors de sa victoire au Boc Challenge, à Rio, en 1983.

Il me parle de son idée d'une course autour du monde en solitaire et sans escale, le « Tour du monde » de Jules

Verne, la course de l'extrême. En termes d'image, je devine tout de suite les virtualités d'un événement qui associe la mer, l'aventure et la voile.

Ainsi naîtra le Vendée Globe, le dimanche 26 novembre 1989. Depuis le chenal des Olonnes, le rêve s'est déployé, il a pris le large et porté son aura jusqu'au bout du monde. Le rêve est devenu planétaire. Les éditions se sont succédé tous les quatre ans. On peut dire que l'Everest des mers, d'année en année, continue à tenir toutes ses promesses.

C'est une des dernières aventures du monde moderne. Il y a, qui court sur l'eau, dans cette trame épique de l'improbable, d'une vague scélérate à l'autre, le même souci de l'exploit, de l'endurance, de la mort qu'on frôle, du risque insensé de braver la mer toute verte de colère, et de gravir des murs d'eau.

Le Vendée Globe a connu des drames qui nous ont tous marqués mais aussi des sauvetages incroyables qui nous ont captivés, tenus en haleine… Le dernier en date fut magnifique, il restera dans les annales. Aucun Français confiné n'oubliera ce qui s'est passé.

C'était le 1er décembre 2020, une nuit de folie, avec trente-cinq nœuds de vent, le bateau d'Escoffier cassé en deux par une mer furieuse et sans pitié. Et puis une petite hutte flottante, juste gonflée, qui dérive comme un bouchon de liège ballotté sur l'Atlantique Sud. Il faut attendre… attendre… et brandir d'un geste dérisoire, à bout de bras, une lampe de poche, comme un flash entre les creux et les bosses… Et puis survient le miracle. Voici que surgit de nulle part, avec deux ris dans la grand-voile, « le roi Jean » – qu'on appelle ainsi chez les connaisseurs, à cause de son palmarès. Il jette à toutes forces une bouée rouge… Escoffier, le naufragé, est sauvé... Longuement, les deux marins s'étreignent... Toute l'humanité est dans ce geste fraternel, où les larmes de joie ont le goût du sel des océans et des saveurs exquises des antiques chevaleries de la haute mer.

Pendant ce temps-là, il y a toute une société qui est restée à terre et qui, vivant la tragédie par une sorte de participation virtuelle, quémande les images sur le smartphone. Une société numérisée, une société claquemurée, assignée à résidence. Je me souviens de cette sensation physique. Entre les marins et nous, soudain s'ouvre une béance. Ce sont deux mondes – celui du rêve et celui du cauchemar –, le rêve du grand large et des mers démontées, où on prend la tempête et la vie, où on rit sur la crête, apeuré et gaillard, et puis le cauchemar – le nôtre –, celui du bâillon et de l'attestation, quand on ne vit plus, et qu'on tremble de peur à tirer des bords, penché à la fenêtre, au-dessus du vide de la rue morte. « Ô que ma quille éclate ! Et que j'aille à la mer ! » glisse-t-on, dans un murmure désespéré...

En nos enfermements dictés par l'ordre sanitaire, chacun de nous aura pu lire, dans cette action d'éclat admirable et haletante, par-delà l'exploit héroïque, une sorte de *sauvetage allégorique*, le sauvetage en mer de ce que nous avons lamentablement perdu à terre. Et peut-être définitivement abandonné.

Et d'abord le risque – le goût du risque. Le risque de la mer, de la trombe, le risque d'être dominé, emporté par les éléments, le risque de devoir s'en remettre au *Fatum*, au *Fiat*, quand on n'est plus qu'une petite coquille de noix à fleur d'écume. Le risque de la vie, de la vie intense, mordue à pleines dents – la vie du risque –, portée par l'idée qu'il y a, en chacun de nous, des ressorts intimes qui inclinent à préférer justement la *vraie* vie, celle où l'on vit vraiment, à la survie biologique, où on se tient en vie juste au-dessus de la ligne de flottaison, où l'on vivote et traîne ses nonchalances digitalisées entre la salle d'eau et les poissons rouges, où la seule aventure n'est plus que de promener son chien, un Ausweis à la main, dans un rayon d'un kilomètre, où l'on triomphe par avance à l'idée de slalomer sur quelques arpents à visage découvert entre les écueils des procès-verbaux, pour se dire un instant qu'on va ressembler à Quic-en-Groigne et *pirater* la maréchaussée.

La vraie vie, c'est celle qui met la vie au-dessus des nécessités de nature, au-dessus des viscères, c'est la vie de l'esprit, des enchantements de l'âme, de la grandeur, de l'oblation du regard, du sacrifice… Emmanuel Macron a dit : « Il n'y a rien au-dessus de la vie. » Désolé… il y a des valeurs qui, au-dessus de la vie, lui donnent un sens, une saveur, une légitimité.

En plein Covid, par le contraste qu'il nous a offert, entre les rats dans la cale et les corsaires à la pomme du mât, ce sauvetage est devenu intemporel : d'un côté, il y a la mer déchaînée, labourée par des hommes libres, et de l'autre, le sanitairement correct dans le trois-pièces aux relents liberticides. Notre société confinée fait du cabotage sur la rive ensablée d'ennui et d'interdits. On navigue sur la webcam… La seule distraction, c'est d'imaginer Castex – toujours dans le bon tempo – obligeant les marins du Vendée Globe à passer au télétravail…

Tous ces marins qui ont largué les amarres n'ont pas eu à consulter le Conseil scientifique pour savoir si la mer est un bien *essentiel* ou *non essentiel*. Ils voguent de rouleaux en rouleaux, sans se confiner dans le cockpit, ils grimpent tout en haut de la grand-voile en sachant que la moindre erreur peut leur briser l'étrave. Ces hommes-là jouent leur peau ! Quand Le Cam embrasse le naufragé, il ignore les gestes barrières. Quelle chance ont-ils d'être « dans le présentiel » pendant que nous cultivons, avec une délicieuse prémonition toute numérique, le Grand Reset distanciel... C'était bien la peine d'en appeler au nouveau monde, pour finir dans la suspicion, la délation de tous les embarqués de l'immeuble...

Les aventuriers du Vendée Globe, porteurs asymptomatiques du virus de témérité, n'appartiennent pas à notre monde de l'hygiénisme d'État et de l'écocide, ils vivent avec les albatros et leurs torpeurs – et ils s'en arrangent –, ils ont du sel dans le sang, ils croient aux anticorps du grand air plus qu'à l'immunité chimique des vaccins à thérapie génétiquement modifiée.

Ils ne connaissent ni la claustration ni la crainte. Ils vivent de courage et de soleils levants, ils renouent avec la tradition de ces grands capitaines qui escrimaient en mer, au nom de l'honneur et de l'ancre de la miséricorde, de ces officiers qui portaient à leur chapeau, comme les jeunes Cyrards du serment de 14 à leur shako, une plume blanche, de ces amiraux qui revendiquaient l'honneur d'être ainsi désignés comme des cibles, se sachant ainsi les premiers visés. C'était un temps où on avait coutume de préférer la mort au déshonneur, où les petits conscrits de Chambretaud inscrivaient, en lettres d'or, sur leur drapeau de la classe 14 : « Quand la France voudra. »

Les images du sauvetage nous ont procuré le sentiment curieux que la mer était, en cet instant, le refuge des archétypes que la terre a perdus.

Le « roi Jean », au cap de Bonne-Espérance, en cette nuit de cirés glorieux, a réinventé le panache français

– cette disposition de l'âme qui, dans l'urgence du devoir, ne conduit pas à la préservation mais à l'exposition de soi, lorsqu'on s'emploie à combattre non pas pour sa personne mais pour un bien supérieur à soi et qui justifie qu'on aille poitrine au vent face au péril.

Aujourd'hui, le panache est remplacé par le masque, devenu l'ornement métaphorique de l'obsolescence du courage, comme l'a dit Fabrice Hadjadj.

Les Français confinés ont vu les images à la télévision. Ils ont pu s'échapper un instant de leur huis clos. Peut-être ont-ils perçu une sorte de message subliminal de l'ancien monde des humanités élémentaires. Dans ce sauvetage allégorique, il y a, en filigrane, une illustration de ce qui est au cœur du mystère indicible de nos civilités et qui nous ramène à la parabole fondatrice du « baiser au lépreux ». Qu'est-ce qui peut bien secrètement pousser Jean Le Cam à planter la quille, à changer de route, à sortir du classement, à faire une croix sur une course méticuleusement préparée depuis quatre ans ? Qu'est-ce donc qui le porte au secours d'un rival en perdition ? C'est l'instinct, tout simplement. L'instinct d'un garçon civilisé, qui a su garder en lui, depuis l'enfance, les points précieux des charités primordiales. C'est aussi la certitude intuitive que, même en haute mer, dans une course en solitaire, on n'est pas seul.

Parmi les poissons volants, les moiteurs du Pot-au-Noir, les Quarantièmes Rugissants, il y a l'entraide, l'essentielle dissymétrie éthique quand on se sent prêt à mettre sa propre vie en bout de gaffe, au caprice des éléments pour sauver la vie de l'autre.

En mer, tout est distance, on est si loin les uns des autres ! Et pourtant, ces compétiteurs acharnés gardent dans leurs entrailles de quoi choyer l'idée que le lointain demeure un prochain. Et que l'élégance impose, sur le sillon d'écume, de se dérouter pour aller vers autrui.

Ces hommes rudes, aux humeurs rogneuses et qui pratiquent l'excès sans l'outrance, la tendresse sans la grandiloquence, sauvent ce qu'il reste de *civilisation*. Ils s'appliquent à orner leur parcours du fameux « Aime ton prochain comme toi-même ». Pendant que nous, les confinés, les distanciés, entravés par les muselières, pétris de bonnes petites paniques précautionneuses, nous nous exerçons à un nouveau commandement : « Méfie-toi de ton prochain pour toi-même. » Le risque de voisinage nous fait marcher à visage couvert. Il ne s'agit plus de sourire à quiconque et d'ouvrir les fenêtres de l'âme. Le seul risque, pour nous, c'est l'Autre. Et le seul risque que courent nos élus, c'est le risque d'un procès.

Ce sauvetage allégorique éclaire d'une lumière crue le fait de ravaler l'homme à la vie nue et d'élever ainsi la survie au rang de valeur suprême. On muselle les enfants comme des adultes et on infantilise les adultes redevenus des enfants de la peur.

Que penseront demain tous ces petits masqués, qui ont été sacrifiés parce que, pour protéger la survie des gérontes, on a décidé d'arrêter la vie, d'arrêter *leur* vie, de suspendre leurs destins, d'assigner leurs songes comme si on mettait les marées et les vagues sur la touche « pause » ?

Sans doute jugeront-ils monstrueux cet Absurdistan qui les a privés de leurs rêves, de leurs courses à la cueillette des fleurs de civilisation.

Au moins auront-ils, depuis la société virtuelle, suivi la parabole du Vendée Globe, comme une bouffée d'air pur, un petit filet de lumière, un petit filet de vie, un petit filet de liberté sur la mer toujours recommencée, que le célèbre navigateur Alain Colas, disparu en mer, a dénommée « le plus grand stade du monde ».

Notre société coule à pic. Nous sommes en perdition. À moins d'un grand réveil des consciences, dont on aperçoit les signes annonciateurs. Pauvres enfants de France, victimes des vieux soixante-huitards qui ne veulent pas mourir… Ils auront à rembourser, toute leur vie, les dettes abyssales et folles de ces milliards d'emprunts qui se promènent comme des nacelles volantes du préveil de la barbe-à-papa. Ils raconteront nos douces séquestrations, ils se souviendront de ces médecins de plateaux qui leur imposèrent comme potion de survie l'absurde dilemme du porc-épic de Schopenhauer : « Vivre, c'est ne pas être trop près les uns des autres pour éviter les piquants et ne pas trop s'éloigner pour éviter la morsure du froid. » On n'a plus qu'à se mettre en boule et à attendre la fin du monde pour quitter la carapace.

Ils feront rire leur progéniture en racontant que le ministre de la Santé leur a proposé des « chèques psy » pour tenir le siège et garder en eux, comme Christophe Colomb, assez de voix pour crier le jour venu : « Terre !…. Terre ! » Ils s'amuseront de nous avoir vu courir sur la moquette pour échapper au docteur Knock qui s'acharne à soigner Kafka.

VII

Vers le Webistan

Pour les anciens, c'est un exercice laborieux que la gestuelle du *sourire virtuel* qu'on prend soin d'adresser aux nouveaux voisins du Webistan, le village global de l'ultime transhumance, le dernier miroir bienveillant de la retraite heureuse où on se transporte du lit à l'évier et puis du lit au lit.

Pour les jeunes, tout a changé. La génération des années 2000 fut appelée celle des *Millennials*, c'étaient les enfants du siècle, bientôt génération Ninja – « *No Income, no Job and no Assets* » : sans revenu, sans travail et sans patrimoine. À Davos, la génération 2020 s'appelle les *Pandemials*. Ce sont les enfants Ninja désormais masqués et connectés à perpétuité. Tous, ils sont déjà de petits ludions agiles, rapides comme l'éclair, dans leur univers, qui est celui du smartphone et de Snapchat. Une armée de Ninjas enfermée et qui n'a plus rien à perdre, c'est une bombe à retardement.

Le parti pris d'en faire des cancres ne dépend pas d'eux. On fouette la bourrique, mais elle est déjà emballée. Une des vertus de la rue de Grenelle, c'est la vitesse acquise. Et une autre, l'inertie. La nouvelle école, convertie au didacticiel, a inventé, pour désigner les jeunes traînards et tous les engourdis de la tablette, un nouveau substantif oblatif : « les décrocheurs ». Ils sont des milliers...

D'où qu'ils viennent, les piqueurs de la Saint-Uber, chasseurs de trolls, ont en eux trop de sève pour rester au pot, devenir des bonzaïs de studio. La claustration, pour eux, est inhumaine. La cellule est trop petite. Ils ont l'impression que, chaque jour, les murs se rapprochent.

Puisque « nous sommes en guerre », leur nouvelle tranchée à eux, c'est de tenir la chambre face à l'ordinateur, pour écouter le prof accoudé sur son formica, qui mange ses maximes derrière son masque. Les Japonais ont un mot pour désigner ces jeunes internés dans leur bulle numérique : les *hikikomori*.

Dans une vision universelle, la Déséducation nationale, aux mains de nombreux hussards noirs de l'Open Data, toujours disponibles pour le crétin digital qui est une déclinaison post-moderne du crétin intégral, a inauguré le livret scolaire numérique et le cartable connecté. Le ministre a changé de portefeuille. Il est devenu ministre de l'Intelligence artificielle, et non plus de l'intelligence naturelle, qui ne sert plus qu'à quelques dandys, insensibles à *l'inclusif*. Il est entré dans l'école de Big Data, il gère les recteurs de YouTube et Google Meet qui ramassent les copies du bac sur WeTransfer. Le télé-enseignement fut une trouvaille. L'enseignant ne voit plus les enseignés. Il parle à un écran plat où s'alignent des petits cubes vides qui représentent, ironie numérique, les élèves connectés et ce, depuis sa cuisine, avec sa « box », adossée aux casseroles. Parfois, il bugue, près de la perruche en cage qui mange sa seiche.

L'exercice de la descente en apnée n'a suscité de réticences que de la part de vieilles têtes de craie qui voient tout en noir depuis leur tableau à l'antique… Quelques professeurs ont buté sur le « *comodal asynchrone* » qui ne dispense plus qu'une moitié de cours vivant. D'autres ont protesté contre ce qu'ils ont appelé le passage du *présentiel* au *démerdentiel*…

L'enseignement a donc muté lui aussi. Devenue une pédagogie machinale sans dialogue. Il n'y a plus de questionnement socratique ou de maïeutique, on est passé au monologue livré sur un réseau câblé. Platon est retourné à sa caverne. Les élèves ne sont plus que des ombres et des zombies. Voici venir le point de singularité du progressisme, avec le surgissement du prof en ligne de l'école désincarnée des fameux *hikikomori*. Malet-Isaac, réveillez-vous, ils sont devenus fous !

Notre école, agglutinée près du radiateur, était déjà la risée du monde entier parce qu'on n'y apprenait plus rien. Le bac, qui fut une épreuve, a cessé d'être un examen, il est devenu un droit de l'homme. On ne transmet plus les savoirs fondamentaux, les rudiments de la civilisation. Enseigner la France serait une imprudence. On peut se faire couper la tête si on va trop loin et qu'on sonne le cor de Roland avec les Sarrasins. Selon l'enquête internationale TIMSS, la France arrive désormais à la dernière place pour l'apprentissage des mathématiques, elle se classe derrière l'Albanie, le Kazakhstan, l'Azerbaïdjan. Satisfaction : on est devant la République de Macédoine du Nord. « Ce classement honteux, au pays de Pascal, n'est qu'un indice de la débâcle dans les autres disciplines », constate François-Xavier Bellamy. Enseigner… mais enseigner quoi ? il n'y a plus d'imaginaire commun. Le bateau ivre coule et on le leste de plomb. Le commandant numérise le naufrage. On a le choix entre l'*Erika* et le *Prestige*, coque en l'air… la marée noire de l'ignorance élargit ses nappes.

L'immémoriale *Sophia Perennis*, les mythes, les romances épiques, tout a été sabordé. On n'y apprend plus que le sabir cyberglobal. La nouvelle société post-Covid, perdant toute consistance, parvenue à l'état liquide, se décompose en une sorte d'amas de particules gazeuses en suspension. Il n'y a plus ni discernement ni bon sens.

Le pays s'effondre sur lui-même, « l'homme distancié » que je vois courir à perdre haleine, dans une forêt, près de chez moi, et qui porte le masque au ras des yeux, à moitié asphyxié, comme d'ailleurs tous les Pilate en peignoir qui se lèvent la nuit pour se laver les mains, dans le seul souci d'appliquer les consignes panmédicales, sont déjà entrés dans le voisinage de l'homme-machine. Ils sont prêts pour l'étape suivante. Antigone ne demande plus rien d'autre à Créon que le droit de défrayer les croque-morts, les derniers cravatés de l'ancienne société du crêpe, pour *incinérer* son frère – question d'hygiène. Cette société sans jugement, où les médias du temps ressemblent à ceux qui les fréquentent, se prépare doucement, gentiment à la rédemption digitale de l'homme déchu par l'overdose technologique.

La numérisation du monde qui porte l'idée barbare du « tout-à-distance » est assumée, sollicitée, attendue par la super-classe dirigeante.

Tout bascule, tout mute : la manière de vivre, d'apprendre mais aussi de gagner son pain. Le greffe du tribunal de commerce est déjà dans le dispositif préparatoire pour le défilé des faillis. L'économie va faire peau neuve. Les capillarités se dissolvent. Le travail va se raréfier. Emmanuel Macron connaît par cœur le rapport de ses amis de chez McKinsey prévoyant, à l'horizon 2025, grâce au tout-numérique, « la disparition de cent quarante millions d'emplois qualifiés à l'échelle mondiale ». Big Data n'a plus besoin de tous ces gens inutiles. Que vont-ils devenir ?

Le 14 septembre dernier, devant les acteurs de la Toile, notre Président digital a glissé une petite phrase sibylline qui en dit long sur ce qu'il sait : « Le temps d'après Covid *va durer*... il faut être lucide là-dessus... Pas la peine de se mentir... Mais on doit avoir encore plus de force pour penser le monde d'après[1]... » Puis il en a appelé à toutes « les communautés du Web » pour une mobilisation générale. « Ce sont, a-t-il martelé, des communautés *de sens et d'engagement.* » Cette formulation a quelque chose de messianique. Elle rappelle la phrase de McLuhan : « *The message is a massage.* » Derrière la forme, technique, il y a le fond, idéologique. La technique sert d'appât.

Au moment où le gouvernement français fait une croix sur les libraires, les commerçants, les restaurateurs, les cinémas, les théâtres, c'est-à-dire l'art de vivre à la française, il annonce à tout le Webistan son grand projet eschatologique pour réinitialiser la France : « Si on veut que *la création de l'économie à venir* et du modèle dans lequel nous croyons ne soit pas quelque chose d'anecdotique, mais qui *embarque le pays* – ce à quoi on croit très profondément –, la démonstration doit maintenant être faite que ces créations, ces consolidations par le numérique touchent la France tout entière, tous les niveaux de compétences, tous les territoires métropolitains et ultramarins et qu'elles

1. https://www.elysee.fr/emmanuel-macron/2020/09/14/discours-du-president-emmanuel-macron-aux-acteurs-du-numerique

sont porteuses des valeurs auxquelles nous croyons. Et je pense que c'est un levier formidable d'accélération pour un monde plus *inclusif*, pour accélérer les transformations auxquelles on croit, mais aussi avoir un écosystème qui crée de la valeur et qui est *porteur de sens.* » Plaît-il ? Il a utilisé l'expression : « porteur de sens » ? Normalement, on dit cela d'une idéologie, d'une doctrine, d'une transcendance, d'une espérance. Nous voilà transportés tout près de l'économie du salut. Le « *community manager* » touche aux frontières de la vie intérieure.

Le Young Global Leader rejoint l'un de ses maîtres, Klaus Schwab l'halluciné, qui a dessiné les lignes de notre avenir et de la création future de richesses : « Avec la simplification du travail, les algorithmes sont à même de remplacer plus facilement les humains[1]. » Voici venir l'âge du robot mystique. L'homme est de trop. On va le mettre sur le bas-côté. On lui fournira gratuitement l'harmonica et le pain d'épices, pendant que les derniers actifs seront en *webinar*.

Nous voilà projetés dans la post-société sans contact, et en même temps, dans la post-économie sans emploi. Effectivement, avec les robots et les algorithmes, le capital se substitue de plus en plus au travail. Seule l'économie « nouvelle » reste la grande bénéficiaire. L'homme le plus riche du monde, Jeff Bezos, fondateur d'Amazon, a augmenté sa fortune personnelle, en quatre mois de confinement mondial, de vingt-quatre milliards de dollars.

Les nouvelles habitudes technologiques que nous avons été forcés d'adopter pendant le confinement deviendront pérennes. Ainsi l'entendent nos dirigeants.

---

1. Klaus Schwab, *La Quatrième Révolution industrielle*, Dunod, 2017.

C'est même tout leur projet. Ils sont dans l'hypnose. De nombreuses entreprises, l'oreille collée aux vents portants, ont déjà choisi d'accélérer l'automatisation. En 2016, deux enseignants de l'Université d'Oxford sont parvenus à la conclusion que 86 % des emplois dans la restauration, 75 % des emplois dans le commerce de détail et 59 % des emplois dans le divertissement pourraient être automatisés d'ici 2035.

Le directeur général de Microsoft, Satya Nadella, a souligné avec une joie pudique que le Covid fut d'un profit inespéré. La fête du *cloud* ne fait que commencer. Il a claironné qu'on ne reviendra plus en arrière avec le télétravail obligatoire et que la digitalisation des entreprises va bouleverser l'économie de fond en comble. Et il a ajouté sur un ton prophétique : « Nous assistons à l'aube d'une deuxième vague de transformation numérique qui *balaie toutes les entreprises et toutes les industries*[1]. » Le choix du verbe « balayer » annonce le programme : il ne restera pas grand-chose de nos entreprises classiques, après le grand *coup de balai*. Sundar Pichai, le PDG de Google, s'est « émerveillé du bond impressionnant de l'activité numérique », prévoyant un effet « significatif et durable » sur des secteurs aussi différents que le travail, l'éducation, le shopping, la médecine et les loisirs en ligne[2] ».

À Davos, on nous confirme avec délectation que le Nouveau Monde ne pourra jamais renouer avec les voisinages d'antan – ce que le Forum appelle « les contacts humains rapprochés ». Il n'y aura pas de « remise en proximité ». En effet, « les technologies d'automatisation sont particu-

1. « Microsoft signe le meilleur trimestre de son histoire », *Le Figaro*, 28 janvier 2021.

2. *Covid-19, la Grande Réinitialisation*, *op. cit.*, p. 173.

lièrement bien adaptées à un monde dans lequel les êtres humains ne peuvent pas être trop près les uns des autres. Notre crainte persistante et peut-être durable d'être infecté par un virus – celui du Covid-19 ou un autre – va donc *accélérer la marche implacable de l'automatisation*, en particulier dans les domaines les plus sensibles à celle-ci[1] ».

Les tenants du Great Reset anticipent une double révolution économique : l'entreprise va muter et le consommateur aussi. « La plupart des choses sont devenues des "e-choses" : e-learning, e-gaming, e-books, e-attendance. À mesure que la distanciation sociale et physique persiste, le fait de s'appuyer davantage sur les plateformes numériques pour communiquer, travailler, demander des conseils ou commander quelque chose va, peu à peu, prendre la place d'habitudes autrefois ancrées[2]. »

Le 27 mars dernier, le « Centre d'analyse, de prévision et de stratégie » du Quai d'Orsay, dirigé par Manuel Lafont-Rapnouil, a emboîté le pas. Il a déposé un rapport confidentiel sur l'après-Covid entre les mains du Président de la République. Dans sa conclusion, il met en garde le gouvernement contre la tentation de revenir au *monde d'avant.* S'en échappe un lapsus révélateur : « Le risque est réel que les efforts de stimulation de la croissance ne soient l'occasion pour "*l'ancienne économie*" de se remettre au centre du jeu, au détriment de celle, plus innovante et verte notamment, *que l'on essaye de développer*[3]. »

1. *Ibid.*, p. 176.
2. *Ibid.*, p. 174.
3. « Comment le Quai d'Orsay pense l'après-coronavirus », *Le Monde*, 31 mars 2020, cité dans Philippe de Villiers, *Les Gaulois réfractaires demandent des comptes au Nouveau Monde*, Fayard, 2020.

Vous avez bien lu… Il ne faudrait pas, recommande-t-on dans les arcanes de l'État profond, que la sortie de crise fût l'occasion, pour *l'ancienne économie*, celle du réel et de la présence, de se refaire une santé. Les restaurants, les cafés, les cinémas, les librairies, les commerces, appartiennent donc à ce qu'ils appellent « l'ancienne économie » ? On leur met la tête sous l'eau dans la mare à canards boiteux et on attend les dernières bulles. Pour que place nette soit faite aux plateformes.

L'exécutif a désormais toutes les clés pour euthanasier ceux qu'il voudra laisser mourir. Le Covid lui a fourni les attributs de la puissance. Pour une raison à peine entrevue par le commun, c'est qu'on ne peut pas élever la moindre plainte : nous sommes tous sous perfusion. La dette des entreprises est désormais tenue par l'État-banquier. C'est lui qui fait les injections d'« argent magique » avec ces milliards d'assignats qui volent au-dessus de nos têtes. La France qui travaille est surendettée, c'est une dépossession gigantesque qui est à l'œuvre.

Chaque jour, c'est la grande becquée. Comme, en d'autres temps, la soupe populaire. Pendant des mois et des mois, tous les Français étaient là bouche ouverte, sous le regard ravi du locataire de Bercy qui a réinventé, sur le mode libéral, *l'appropriation publique des moyens de production.* Avec une débauche d'énergie peu commune, le ministre de l'Économie réussit à loger dans chacune de ses journées pas moins de trois métiers : celui du *guichetier* qui vide les poches de l'État, celui de l'*agent de ronde* qui supervise les fermetures administratives des entreprises « non essentielles », celui de l'*écrivain* qui trouve encore le temps, entre deux nécrologies de bistrots crêpés de noir, de s'exercer à des vocalises sur les mouvements de son âme plastronnante : « Honte à qui peut chanter pendant que Rome brûle. »

Il a fallu, pour les patients sous sédatifs, se faire une raison, mettre sa fierté dans sa poche, en appeler aux pouvoirs publics pour obtenir un caisson de survie, aller chercher son petit « PGE », son prêt garanti à la préfecture... Mais, lorsqu'on est ainsi dépossédé, en réalité, on est possédé, on ne s'appartient plus. Quand tous les indépendants souffrent, agonisent, c'est la *valeur-travail* qui s'abîme.

Un jour viendra où les taux d'intérêt remonteront et où la morphine ne coulera plus à bon prix. Il faudra rembourser *l'argent magique*, sur deux ou trois générations, cependant qu'explosera la fortune de la Big Tech.

Le chef de l'État a la tête en bas. En accédant au pouvoir suprême, il entendait sortir le pays du socialisme résiduel, il l'aura collectivisé pour trente ans. Il a perdu la main, perdu son aura, perdu en route ses promesses et peut-être perdu son sceptre. Il l'avoue lui-même. Il ne tient plus rien devant l'État profond : les horloges tournent sans lui, elles ne sonnent plus, elles sont sonnées, leurs aiguilles sont devenues folles.

Ce qu'on appelle à Paris la « *gig economy* » – l'univers de la petite entreprise libre et indépendante – a vocation à disparaître. Le Président sortant le paiera au prix fort. Le rêve de retourner à la Rotonde fêter un autre premier tour est peut-être en train de s'évanouir. D'ailleurs, si la Rotonde souffre et qu'Amazon-food prospère, c'est encore, en France, la Rotonde et Flunch qui votent... À bon entendeur...

Pour échapper à la faillite, les chefs d'entreprise qui le pourront vont devoir, la mort dans l'âme, automatiser toutes les tâches et supprimer ainsi tous les emplois manuels. Microsoft a déjà pensé à tout cela. Un nouvel outil permettra de collecter, pour chaque salarié au travail, toutes les données statistiques, afin d'établir – et voilà la nouveauté terrifiante et géniale – un « score de productivité ». Grâce à ce logiciel espion, les managers pourront « identifier les paramètres du comportement ». L'expression est lourde de sens, on en blêmit d'avance. On aura ainsi tout loisir d'enregistrer à distance les agissements en ligne pour mesurer la productivité des employés. On pourra compter jusqu'au mouvement furtif de leurs souris aux heures de travail. Ce sont là les retrouvailles inattendues de Taylor et d'Orwell.

Le numérique, allié à la robotisation et à l'intelligence artificielle, et plus généralement la convergence des nanotechnologies, biotechnologies, informatique et sciences cognitives – NBIC – pourraient achever d'éradiquer les derniers fleurons de l'économie à l'ancienne. La classe moyenne est appelée à disparaître. La gouvernance techno-capitaliste des socialistes milliardaires a déjà anticipé la suite. Il prévoit, pour les déclassés, un revenu de base universel. L'idée est reprise par la gente politique, toujours pressée de rejoindre la meute et la mode : elle se prépare ainsi à acheter la tranquillité publique et l'ennui perpétuel : inutiles, assignés, nourris, distraits. C'est ce qui s'est passé dans la Rome finissante, on donnait un pochon de sesterces au peuple sans ouvrage pour l'envoyer au Circus Maximus. On l'épuisait en distractions. Le matin, le *panem.* Le tantôt, les *circenses.* Le pain et les jeux.

Les socialistes utopiques en avaient rêvé, les tenants de l'hygiénisme d'État globalisé l'ont fait. Hannah Arendt déposa un mot lumineux qui éclaire le trou noir où nous glissons : « Dans un monde toujours changeant et incompréhensible, les masses ont atteint le point où elles croyaient simultanément tout et rien, où elles pensaient que tout était *possible* et que rien n'était *vrai.* » L'hygiénisme d'État est la première marche de la nouvelle échelle de Jacob vers le post-humanisme.

J'ai relu récemment, avec un mélange de gourmandise et d'effroi, *The Time Machine*[1]. C'est un roman d'anticipation haut en couleur. Il décrit une réalité qui nous parle. On y retrouve la fameuse dialectique des « essentiels » et « non-essentiels » : il y a, qui vivotent sous terre, une espèce descendante de l'homme, les Morlocks, ils ne supportent plus la lumière, tant ils ont été confinés. À la surface de la terre, se prélassent, dans une sorte de paradis des abondances, les Eloïs.

L'auteur H.G. Wells, qui a écrit ce livre en 1895, nous projette en l'an 802 701 : l'espèce humaine a changé. Elle a évolué et s'est décomposée en deux essaims : celui des classes fortunées, devenues les Eloïs de la bonaise, et celui des classes laborieuses, piétinées, méprisées, devenues les Morlocks de la mésaise. Les Morlocks ont perdu l'art de vivre, ils n'aiment plus trop la lumière ; l'obscurité et les étroitesses du sous-sol ont gagné leurs humeurs sombres.

Les Eloïs d'aujourd'hui vivent auprès du char des étoiles auxquelles ils accrochent leurs satellites. Ils rêvent d'atteindre les parages de l'immortalité. Les Morlocks, revêtus de leurs gilets d'argile terreux, se sentent abandonnés. On n'a plus besoin d'eux. Ce sont les « non-essentiels ». Avec une petite luciole de catacombe à la

1. H.G. Welles, *The Time Machine* (*La Machine à explorer le temps*), Gallimard, 2016.

main, ils attendent, pour remonter à l'air libre sans trop y croire, l'insurrection des consciences et de ce qui reste, dans le pays, de forces vives pour les appeler à revivre de la vraie vie.

VIII

Les cygnes noirs

Où donc est passé le monde d'avant ? Reviendra-t-il jamais ? Le doute s'installe… La civilisation qui fut la nôtre semble si loin déjà… Elle offrait ses faveurs à tous les rêves, ils ont viré au cauchemar. L'utopie d'un *monde meilleur* s'est retournée en une dystopie du « *meilleur des mondes* ».

Nous avons appris à étirer nos existences dans le temps immobile d'une humanité sans visage. Nous nous sommes exercés à ne plus vivre pour ne pas mourir.

La société a changé de paradigme… L'homme distancié, à demi cagoulé, a perdu le goût des grands espaces. Sous l'effet d'une psychose planétaire inouïe, le souci d'échapper à la mort a conduit plusieurs milliards d'humains à l'oubli de la vie…

Un souvenir métaphorique de mes jeunes années me revient souvent en cette période de second printemps gâché, il traduit ce que je ressens ; c'est celui d'un ami hors d'âge qui, dans les années 50, demanda à être enterré avec son masque et son casque de mineur, dans le petit cimetière vendéen de Faymoreau, adossé à son chevalet d'ouvrage. Il fut du dernier filon et du dernier puits de charbon.

Pendant cinquante ans, à la lumière tremblotante de son falot encrassé de suif, il était descendu dans la mine dès potron-minet, en prenant soin d'emporter avec lui son rossignolet. L'oiseau d'alerte, à l'instinct très sûr, se voyait ainsi confier la mission de détecter, dans les longues et étroites galeries de l'extraction souvent fatale, les échappées de gaz méthane asphyxiant. Les mineurs, manœuvrant leurs charriots sur le rail obscur, tendaient l'oreille… Mais surtout, ils ne perdaient jamais de vue le rossignolet, ultrasensible au confinement de l'air. Si, tout à coup, la mélodie s'éteignait et que l'oiseau ne chantait plus, cela voulait dire qu'il y avait péril à respirer. Alors il fallait, sans réfléchir, prendre les jambes à son cou et, le poumon déjà encombré, retourner aux échelles, pour remonter dans l'urgence vers la sortie et retrouver l'air frais.

Aujourd'hui, l'esprit en muselière, je médite cette métaphore : le rossignolet ne chante plus. Et nous avons du mal à concevoir qu'on puisse respirer à l'air libre. Le masque est devenu notre condition. Nous sommes des mineurs *de sortie*, la galerie confinée est notre état, nous goûtons notre statut de permissionnaires. Non, le monde ne sera jamais plus comme avant. Nous avons changé de régime. Nous sommes passés à l'hygiénisme d'État. Dans l'histoire des hommes, aucune constellation humaine n'aurait jamais imaginé, dans le souci commun du bien-être et de l'ordre sanitaire, d'être appelée à devenir, sous serre close, un peuple-légume. Mais il faut aller plus loin, prendre de la hauteur afin de pressentir ce qui vient.

Pour comprendre le moment que nous vivons – sans

doute un point de bascule historique –, il convient, une fois de plus, de fixer son attention sur ce qui se passe en Amérique. Je dis « une fois de plus », parce que cette précaution de l'esprit d'observation est devenue pour moi, une vérité éprouvée par l'expérience personnelle. J'ai compris, l'année de mon bac – obtenu en 68 dans une pochette surprise –, en pleine acné juvénile, que l'Amérique nous précède en tout et que nous l'imitons. Elle nous fournit le *soft power* de ses refrains, ses pas de danse, et jusqu'à ses pensées et remords intimes. Sa révolution est fille de la nôtre après en avoir été la mère.

Mai 68 fut un avatar de l'Amérique. La bourgeoisie française – je m'en souviens comme si c'était hier – aiguisait ses peurs aux fenêtres mais elle ne voyait dans les monômes que de l'agitation de rue, un coup de colère débordante de garnements échappés des vociférations de la Sorbonne, un chahut parodique sur les barricades hugoliennes et mimétiques. Chacun se rassurait, dans les beaux quartiers, à l'idée que le fleuve des mascarets d'écume allait bientôt retourner dans son lit. On ne voulait pas voir que c'était bien autre chose qu'une crue de printemps, qu'une crise de la jeunesse gavée au transistor.

Le chahut en question portait en réalité l'idée d'une grande sape. Le chambard des facs de Nanterre venait d'ailleurs. Il était parti des émeutes et des campus de Berkeley. Le « *No Border – No Limit* » résonnait comme un appel subversif lancé sur la côte californienne, à San Francisco, d'où il prit son envol, « sur le toit d'une maison bleue, adossée à la colline ». Il traversa l'Atlantique avant de s'épanouir sur la plage de sable dépavée du Boul'Mich, il habilla de nonchalance et de graffitis la révolution des jeans : « En mai, fais ce qu'il te plaît...

Ni frontière ni limite. » En réalité, c'était beaucoup plus qu'un graffiti, c'était un borborygme programmatique – de déconstruction, de dérision, de démolition. Il portait, chez nous, la chronique annoncée de la mort du père, il sonnait le glas des limites et distinctions naturelles, des harmonies traditionnelles et du Bien commun.

J'ai gardé un souvenir marquant de cette période de tribulations exaltantes, jubilatoires : un matin, mon professeur de français trébucha sur l'estrade en entrant dans la classe. Il jeta sa craie sur *Les Nuits* de Musset. Soudain, nous le vîmes s'effondrer, en plein cours magistral. Il craquait, c'était un homme brisé. Il essuya ses larmes en sortant un grand mouchoir de Cholet, et nous ouvrit son cœur sur ce qu'il appelait, avec une pointe d'ironie traînante, une « réplique sismique ». Une réplique de quoi ? Nous ne savions pas encore... Il nous confia sa détresse de « maître » bientôt déchu : « Ils ne veulent plus de magistère, ils ne veulent plus d'estrade. Ils veulent "du dialogue" partout... C'en est fini de toute Autorité... Une fois encore, les mauvais vents viennent de ce pays immature qui n'en finit plus de sortir de l'adolescence. » Ce n'est pas la France qu'il désignait ainsi mais l'Amérique de Berkeley...

C'est au contact de ce désarroi magistral que s'éveilla ma conscience civique. Le tohu-bohu de Mai 68 n'était pas une parenthèse, je le sentais, c'était physique. Ce n'était pas seulement une bourrasque, un gros coup de torchon, c'était la tectonique des plaques qui avait joué. Les « événements de Mai » m'ont appris « sur le tas » à lire les *cygnes noirs* que le public, travaillé par l'instant, exercé au refus de voir ce que l'on voit, ne sait pas toujours décrypter...

Le temps a passé... L'américanisation et le « *politically*

correct » nous ont submergés. D'épreuve en épreuve, j'ai vu le pays s'affaisser, se désagréger. Aujourd'hui la France se laisse conduire et digitaliser de l'extérieur. Nos élites mondialisées n'ont rien retenu des leçons du passé. Leur légèreté s'accorde avec l'esprit du temps. Elles vivent à l'heure américaine, aspirées par les mêmes entraînements crépusculaires. Les pères ânonnaient le « défi américain » de Servan-Schreiber. Les fils guettent les mots de Jeff Bezos d'Amazon. Ils ne se sentent plus tout à fait de chez nous, ils sont de la Tech et du Nouveau Monde... La relation de docilité mimétique n'a fait que dériver vers la Silicon Valley et les campus qui, depuis les années 90, donnent le ton du *politically correct*. Nous sommes à la traîne d'un grand pays en déclin, l'Amérique. Ses tribulations sont les nôtres, avec seulement un léger décalage dans le temps. Il faut toujours se dire : ce qui se passe là-bas va venir chez nous. D'ailleurs, le 9 février 2021, le *New York Times*, sur son site, a lui-même choisi comme titre : « Les idées américaines menacent-elles la cohésion française ?[1] »

Pour savoir ce qui va nous arriver, il suffit de consulter les « unes » des magazines américains. Il faut leur reconnaître un vrai talent de l'anticipation. Cette presse-là annonce la couleur. Elle affiche, avec un temps d'avance, les tendances lourdes des évolutions et ruptures à venir dans tous les pays satellites de l'Occident.

Beaucoup de journalistes français s'en tiennent à la traduction de ce qu'ils reproduisent ; la plume serve, ils

1. « Les idées américaines menacent-elles la cohésion française ? », *The New York Times*, 9 février 2021 : https://www.nytimes.com/fr/2021/02/09/world/europe/France-universites-decolonialisme-woke.html

accomplissent consciencieusement leur travail de *moines copistes.* Ils font du psittacisme. Nous ne cueillons finalement de l'Amérique, dans nos médias si dociles, que les fleurs d'arrière-saison.

À la fin de l'année 2020, ce sont deux couvertures du magazine *Time* qui m'ont alerté sur ce qui était en train de poindre. La première s'intitule : « The Great Reset », la seconde met en scène Assa Traoré, l'égérie de l'antiracisme révolutionnaire, auréolée du titre de « gardienne de l'année ».

Le grand journal qui fait la pluie et le beau temps aux États-Unis est devenu, depuis longtemps, prescripteur pour le monde entier. La « une » de novembre 2020 nous découvre une mappemonde en plein chantier où tout « est remis à zéro ». Les ouvriers, depuis leurs échafaudages, refont une planète toute neuve. Le *reset* consiste à réinitialiser le monde, à le mettre à zéro. Par définition, le *reset* ne profite qu'à celui qui réinitialise. Devinez qui sont les perdants… C'est la vieille idée ainsi recyclée de faire naître un homme neuf, débarrassé des anciennes pesanteurs. Cette « remise à zéro », préconisée par le Forum économique mondial, en juin 2020, prépare un nouveau monde où plus rien ne sera comme avant. Le Great Reset est une sorte de « Grand Soir » biotechnologique qui a pour vocation de faire entrer l'humanité et la planète dans une phase de régénération inédite et salvatrice. Ce Great Reset du *Time* décline, à son tour, la croyance quasi religieuse en l'émergence d'un nouvel Adam, d'un homme générique ; ainsi s'ouvrirait une carrière immense aux espérances du genre humain. Le prône est un hybride d'Ézéchiel et de Bill Gates : « Vous avez soufflé les restes qui paraissaient inanimés. Tout à coup, une constitution s'organise, déjà ses ressorts déploient une force active. Le cadavre qu'a touché la liberté se lève et reçoit une vie nouvelle. » Cette « une » du *Time* annonce au monde un événement ou plutôt un avènement, l'*aggiornamento* d'une société radicalement nouvelle où tout va basculer.

La « une » sur Assa Traoré vient des mêmes voisinages idéologiques et de la même rédaction, œuvrant au « *woke capitalism* », le capitalisme engagé. Ils sont sensibles à l'assomption du sursaut écologique pour sauver « Mère Nature ». Assa Traoré a été hissée, exhaussée comme un symbole planétaire et universel. Dans les colonnes de l'hebdomadaire aux innocences calculatrices, la porte-parole de « Justice pour Adama » – le collectif mis en place à la suite de la mort de son frère – entretient une confusion volontaire entre la mort de George Floyd aux États-Unis et celle d'Adama Traoré en France : « Mon frère, dénonce-t-elle, est mort exactement de la même façon que George Floyd, sauf que les caméras n'étaient pas là ce jour-là. » Puis elle s'enflamme sur les « violences policières » et lance sa vindicte : « La France n'assume pas son histoire colonialiste, son histoire de l'esclavage et ça, on le prend de plein fouet… » Cette pasionaria aux intonations éruptives n'a pas été choisie au hasard. Après la mort de Floyd, le « comité Adama » a été approché par le mouvement américain « Black Lives Matter ». Il a apprivoisé puis cultivé les concepts forgés aux États-Unis comme le « racisme systémique », ou *l'intersectionnalité* liée à la mouvance post-coloniale. Nous sommes là devant un nouveau ferment idéologique, un variant du progressisme régressif, appelé à embraser le nouveau monde.

Aussi bien l'icône de l'antiracisme a-t-elle été ainsi promue sur tous les continents, non seulement comme une figure emblématique pour flétrir la France de Samuel Paty, trop peu encline à la multiculture, mais surtout pour imposer en Europe, la « *cancel culture* », la culture de « l'effacement », la *karcher culture.* Nous sommes devant un nouveau phénomène, aux effets insoupçonnables par leur ampleur. Là encore, il s'agit d'une « remise à zéro ». Le « syndrome Berkeley » va se reproduire à l'identique. Nous risquons d'être submergés par ce mouvement « identitariste » qui, au nom d'un progressisme revisité par l'ethniquement correct, lance un combat planétaire à partir d'une éthique nouvelle. Le phénomène arrive chez nous. Emmanuel Macron lui a déjà fait écho en reprenant, pour le flétrir, « le privilège blanc » qui figure parmi les mots clés de la panoplie sémantique des « *woke capitalistes* ».

Cette double anticipation du Grand Reset et de la *cancel culture* cultive la même vision et se nourrit du vieux fantasme révolutionnaire, celui de la *table rase.* La première prépare la seconde : nettoyer le contemporain de toutes ses attaches pour en faire un objet utilitaire, interchangeable et numérique. L'homme sans qualité devient remplaçable. « Vous serez creux, résume le représentant de Big Brother, nous allons vous presser jusqu'à ce que vous soyez vide puis nous vous remplirons de nous-mêmes[1]. »

Nous allons nous appliquer à oublier l'homme ordinaire, à le purifier, pour repartir sur d'autres bases, avec une autre mémoire, un autre langage, une autre pensée. C'est une rupture fondatrice qui pousse encore plus loin les ébranlements de Mai 68. Cette nouvelle révolution planétaire prétend mettre le doigt sur la

1. George Orwell, *1984*, Folio, p. 362.

touche « pause », et bouleverser notre manière de « faire société ». Il ne s'agit plus seulement de changer le monde mais de changer l'homme, de changer d'homme. L'historien américain Jared Diamond a résumé cette tournure d'esprit, en évoquant l'émergence d'une véritable « identité mondiale[1] ». Il n'est plus seulement question de rompre les liens anciens mais de les anéantir pour préparer l'homme sans territoire et sans mémoire, remis à zéro, corps-machine, immergé dans le monde du bocal numérique, climatophile, inclusif et transparent.

L'histoire retiendra que le début des années 2020 aura été le point de bascule. Tout simplement parce que la pandémie aura servi de pied-de-biche à cette révolution. Lénine disait que les guerres étaient des accélérateurs de l'histoire. Eh bien, les pandémies aussi...

Mon voyage dans la coulisse de cette histoire accélérée où se trame l'avenir de l'Occident m'a réservé des surprises.

---

1. Jared Diamond, *Les Nations face aux crises et aux changements*, La Découverte, 2020.

IX

Le nouveau tunnel

Déjà, on nous annonce – dans l'hypothèse où nous serions tentés de traîner le sabot pour appliquer le cahier de consignes – la catastrophe à venir. C'est bien pire qu'un virus. On nous prédit qu'entre le Covid et le « risque climatique », il y aura autant de différence qu'entre un fusil Lebel et la bombe atomique. On sort à peine de l'angoisse des pics qui nous ont remué les entrailles qu'on nous dévoile déjà la prochaine épreuve : nous allons vivre les tribulations de l'Apocalypse. Il va falloir à nouveau appuyer sur la touche « pause ». Une nouvelle claustration nous attend. On nous la prédit comme imminente, on nous y prépare déjà, avec l'annonce d'un tour de vis référendaire, sous la vive pression d'un soviet de citoyens en biodiversité, tirés au sort. On voudrait nous imposer une nouvelle Constitution, dans laquelle on mettrait les droits de la nature au-dessus des droits de l'homme.

Le confinement sanitaire aura été le prélude à une nouvelle servitude volontaire. Le monde est en rémission.

L'homme moderne pollue, il est l'ennemi de « Mère Nature qui perd patience » comme le répète Schwab, tout en promouvant le mondialisme 4.0 au grand bénéfice des géants technologiques dont l'impact carbone est au moins une fois et demie celui du seul transport aérien, auquel s'ajoutent les désastres écologiques et sociaux liés à l'exploitation minière – cobalt, lithium –, sans parler de l'esclavage des enfants et des guerres civiles, et aux cinquante millions de tonnes de déchets électroniques déjà accumulés. Il faut pourtant enfermer l'homme pour décarboner. L'épuration éthique a commencé. C'est un enchaînement sans fin, où les nouveaux apôtres hypocrites du reverdissement qui sont à la manœuvre déplorent les effets des maux dont ils continuent à chérir les causes. Ils réclament curieusement, pour « sauver la planète » et renouveler l'air, de faire sauter les dernières fenêtres, les derniers filtres protecteurs.

Pourtant, avec le recul, personne ne peut nier l'évidence : c'est bien la « mondialisation heureuse » qui a transformé le monde en un seul marché, qui a pulvérisé toutes les précautions sanitaires, qui a fait rentrer le renard libre dans le poulailler libre et qui a fait sortir la chauve-souris de ses galeries, qui a provoqué la déforestation, les émanations de gaz à effet de serre, etc. En arasant les préférences géographiques là où elles subsistaient dans le monde entier – à commencer par le Marché commun en 1992 – on a installé non pas une saine compétition mais la guerre de tous contre tous. Elle est féroce. On a jeté tout le monde dans le grand bain. Tant mieux pour ceux qui savent nager, tant pis pour les autres. On a mis en concurrence le petit bordier de rizière et le latifundiaire de la pampa. On a précipité sur les mêmes rayons les fruits des terres grasses et des terres arides.

Alors l'agrochimie est entrée en scène, avec ses

amphétamines. On a rasé les bosquets pour agrandir les champs, on a voulu faire de tous les bocages des petites Beauce, la gente terrienne s'est mise au glyphosate. Il fallait, pour travailler au prix mondial, que la terre rende. Ainsi a-t-on empoisonné les sols, les animaux, les hommes.

J'ai vécu personnellement comme un traumatisme ineffaçable la mort des abeilles dans les ruches de Vendée, particulièrement touchées par la tragédie, en 2004, du Gaucho et du Régent. Ce fut une hécatombe. Quand on marchait le long des champs de tournesol, c'étaient des tapis d'abeilles mortes qui crissaient sous les pas. Le petit peuple des apiculteurs a été abandonné. Personne ne répondait à nos appels. J'ai écrit[1], j'ai combattu ; Bayer m'a traîné en justice, j'étais seul ou presque. La classe politique n'a pas bronché devant la disparition des sentinelles du monde. Et pourquoi donc ce silence ? À cause de la peur et des accointances. Les géants des pesticides faisaient les cent pas. Je suis allé voir Chirac, Giscard, le ministre de l'agriculture Gaymard ; je me suis heurté à un mur. C'est Chirac qui a été le plus explicite :

– À Bruxelles, les géants allemands et américains sont les patrons…

– Et à Paris ?

– À Paris ? Eh bien, on a tous des campagnes à faire, mon cher Philippe… et ça coûte de plus en plus cher…

Dès 1999, avec la catastrophe de l'*Erika*[2], qui avait coulé le 12 décembre, et répandu son goudron au large

---

1. Philippe de Villiers, *Quand les abeilles meurent, les jours de l'homme sont comptés*, Albin Michel, 2004.

2. Voir : https://fr.wikinews.org/wiki/Dossier:Le_naufrage_de_l%27 Erika

de la côte atlantique, j'ai deviné les connivences discrètes entre les puissances publiques et privées, elles appliquaient, en mer comme à terre, le principe « pollué-payeur ». C'est-à-dire que c'est au *pollué* de *payer.* Là aussi, je me suis trouvé bien seul, désemparé face à des kilomètres de plages mazoutées, sans un secours ; j'ai vite découvert que, derrière les bombes flottantes qui circulent sur le rail d'Ouessant, il y avait un concours mondial d'irresponsabilité : le propriétaire du navire était maltais, l'affréteur était helvético-bahamien, le capitaine était indien, le contrôleur était italien, le pétrole était français. « Mondialisation heureuse, que de pavillons de complaisance on hisse en ton nom ! » Avec de nombreuses collectivités et la Ligue pour les oiseaux, j'ai intenté un procès à l'État. Nous avons gagné, en faisant reconnaître, pour la première fois, en justice, le « préjudice écologique ».

Mais ce drame m'a fait comprendre que l'agrochimie mondiale était plus puissante que la puissance publique. D'ailleurs, nous avons, aujourd'hui, sous les yeux, une parabole éloquente : Barbara Pompili s'acharne sur les cirques multiséculaires, mais elle vient d'autoriser les neurotoxiques systémiques sur la betterave à sucre : on peut écraser les clowns tristes sous la botte mais pas la betterave. Et les abeilles, quand elles meurent, ne font pas de bruit, les bandes passantes de l'info continue les ignorent.

Le productivisme agrochimique a détruit les campagnes, il a souillé un métier qui était le plus beau du monde : l'agriculteur était un paysan, on en a fait un exploitant. Il ne respire plus sa terre, il la traite. Pour survivre. J'ai vu, de mes yeux vu, chez moi, en Vendée, comment on a détruit les haies, avec des subventions de

Bruxelles, comment on a arraché des milliers d'hectares de vergers, pour permettre à la pomme indienne et à la poire turque de venir inonder les étals de nos petits marchés locaux.

Il en fut de l'industrie comme de la terre nourricière, on a tout délocalisé, on a tout plombé, on a tout pollué : il fallait qu'à l'échelle planétaire, les chaînes de valeurs globales fussent toujours plus rentables, à mesure qu'on les décomposait au bout du monde. Alors, on n'a pas lésiné, on y est allé à la dioxine, aux boues rouges, à l'arsenic, à la pétrochimie. On a fabriqué un nouveau monde toxique où les nanoparticules et le poulet au chlore ont voyagé en « classe business ».

Et voilà que, chez les altermondialistes, qui détestaient tout ce qui humait les prés carrés et les terroirs, on redécouvre le circuit court, on veut cueillir les pommes chez soi, aller chez le voisin chercher son lait. Belle embardée. Avec, en embuscade, les géants insatiables de la planète marchande qui prennent maintenant des airs vert pomme, pour pouvoir, sous l'égide de la nouvelle bannière de « Mère Nature », obtenir par avance d'être innocentés de leurs pillages à venir. Ils ne toucheront jamais – on le sait bien – au corpus juridique du mondialisme. Car nous sommes dans l'idéologie : le protectionnisme est une forme aboutie du populisme. Donc le mal absolu...

Le paradoxe est tout à fait extraordinaire. Ceux-là mêmes qui ont voulu en finir avec les nations, c'est-à-dire avec la biodiversité par excellence de la nature et de l'histoire humaine, ceux qui se sont gavés, ceux qui ont fait taire les grives musiciennes et les linottes mélodieuses, ceux qui furent et demeurent les grands propulseurs des ventes en série fondées sur le principe qu'il faut consommer toujours plus que la terre ne peut donner, ceux qui ont tout misé sur le consumérisme de *l'obsolescence* et du « tout-à-jeter », ceux qui travaillent à ouvrir la planète chaque jour davantage à leurs ahurissantes convoitises, sont encore au premier rang pour nous faire la leçon. Et comme il n'est pas question d'imposer le principe d'une mondialisation maîtrisée par des caissons étanches pour sauver les équilibres naturels, économiques et sociaux, c'est toute la société qui continue à payer l'addition, au prix, cette fois, de sa liberté.

Les écolos hyperconnectés nous annoncent que les nouvelles humeurs climatiques passent par le numérique. Pour « sauver la planète », il faut accélérer l'adoption universelle des technologies digitales. Pour corriger la mondialisation débridée du grand pillage et des biens éphémères à haute pollution, qui porte le désastre écologique comme la nuée porte l'orage, c'est encore à la mondialisation sauvage des géants de la Tech qu'on fait appel. On soigne le mal par le mal. La liberté des nations et des peuples risque d'y perdre ses droits et libertés ultimes.

Le 14 décembre dernier, Emmanuel Macron a donné le ton : « La crise que nous vivons constitue une *opportunité pour réorienter en profondeur* nos modèles économiques et *les rendre plus verts…* » Être vert ou mourir…

Le Great Reset a entrepris de transformer le monde en un vaste « sanatorium pseudo-écologique ». Davos, qui a fait la fête à Greta, la nouvelle Jeanne d'Arc – celle qui entend les voix de Twitter et Instagram –, prétend s'être converti à l'écologie. Ceux qui ont malmené les écosystèmes naturels, ceux qui ont surexploité les ressources, ceux qui pillent les terres rares pour balafrer nos paysages avec des mastodontes vrombissants qui, au nom de l'écologie officielle, blessent nos horizons intimes, ceux-là nous font les gros yeux, ils veulent nous réinitialiser à la nature qu'ils ont maculée et épuisée. Or, ils nous mentent aujourd'hui comme hier. Il apparaîtra bientôt que « les énergies dites vertes et les mobilités décarbonées sont une hypocrisie, un leurre aussi destructeur pour l'environnement que le charbon et les hydrocarbures[1] ».

Une enquête récente d'Arte a dénoncé notamment l'éolien, gourmand en lithium ou en cuivre. On sait qu'en Mongolie-Intérieure, le centre de raffinage des terres rares de Baoutou rejette « des torrents d'eau noire saturée en métaux lourds ». Les gueules noires du XXIe siècle, selon le récit des enquêteurs, travaillent dans une atmosphère saturée en acide fluorhydrique et payent un tribut humain particulièrement lourd pour faire croire à notre civilisation qu'elle va passer au vert.

Aujourd'hui, le constat est terrible et sans appel : on a déménagé les campagnes, on les a dévitalisées, désertifiées. Et on a fait des villes irrespirables. L'Agence européenne pour l'environnement vient de tirer la sonnette d'alarme : « Les particules fines seraient à l'origine d'environ huit cent mille morts prématurées chaque année[2]. » Selon une étude publiée par la revue *Cardiovascular Research*, « environ 19 % des décès en Europe, dus au Covid-19, pourraient être attribués à une exposi-

1. Guillaume Pitron, *La Guerre des métaux rares*, Éditions les liens qui libèrent, 2018. Et document d'enquête Arte, du mardi 24 novembre 2020, à 20 h 50. « Les métaux noirs, la face noire des énergies vertes », *Le Monde*, 24 novembre 2020.

2. Stéphane Mandard, « En Europe, trois citadins sur quatre respirent un air pollué », *Le Monde*, 25 novembre 2020.

tion à long terme aux particules fines ». Voilà, hélas, une comorbidité qu'on ne retrouve pas dans les statistiques. Les grands visionnaires de l'urbanisation à tout va se sont *trompés.* Et, chaque jour, ils nous trompent...

Leur échec patent leur sert pourtant de marchepied pour aller toujours plus loin dans l'immoralisme. Que d'erreurs commises depuis cinquante ans ! Je les ai vues défiler sous mes yeux. Et j'ai été marqué par mes conversations avec Olivier Guichard. Il fut le concepteur de la nouvelle sémantique des « mégalopoles ». C'était un homme d'État mais il avait toujours peur de rater la marche du progrès ; tandis que je lui reprochais cette prétention de vouloir bouleverser les équilibres villes-campagnes, il brûlait d'urbaniser la France. Il en appelait à la modernité. Il parlait comme le géographe Vidal de La Blache : « Pour que ce soit beau, il faut que ce soit grand ! » Allons-y pour les barres et donnons les clés des villes aux disciples de Le Corbusier, pour faire « des machines à habiter ». Un jour, n'en pouvant plus, je l'ai bousculé. Il s'est agacé :

– Philippe, ne soyez pas rétrograde. Regardez autour de vous. Il faut bâtir autrement, nous sommes à l'heure du vertical... Tous les autres grands pays s'y sont mis avant nous...

– Mais les autres, ce n'est pas la France, lui répliquai-je. La France, ce n'est pas l'Amérique ou la Chine. Votre *aménagement* est un *déménagement* des territoires... Vous êtes en train de construire un monde invivable... Vous avez tous oublié d'où nous venons : nous sommes comme les plantes, entre le ciel et la terre, nous avons besoin d'humus et de lumière...

On a massacré la France rurale, entassé les gens dans des concentrations urbaines où des individus rassemblés par des nécessités étrangères à leur nature se coudoient sans se connaître.

Mais, plus grave encore, on a tué les métiers indépendants : le paysan avec le négoce mondialisé, l'artisan avec les délocalisations, le commerçant avec la grande distribution, les pêcheurs avec les bateaux racleurs de fond qui viennent de Corée ou du Japon sur nos côtes.

On a tout simplement éradiqué l'*indépendance d'esprit*[1], on a anéanti toute une France qui pensait par elle-même. On a préparé l'avènement de la société mimétique. Mitterrand avait résumé l'opération : « Le socialisme, c'est la ville. » La manipulation a pu ainsi commencer avec l'expatriation des esprits, le consumérisme, l'hédonisme, l'individualisme aliéné.

La France rurale, qui était le cœur de notre pays, est devenue une France périphérique. Le nouvel impératif de la société déracinée, avant le Covid, c'était la mobilité : il fallait « être mobile ». Mobilité professionnelle, géographique, affective. Mobilité de carrière, du caprice. On n'a plus d'axe. On a la tête qui tourne. On vit dans l'instant, le provisoire, le fugitif et le futile. On campe. On achète, on jette.

Ainsi l'éphémère, préparant l'avènement de cette société de l'immédiat, connote positivement la triple errance de l'être hors-sol que nous avons sous les yeux : nomade en ses rêves, coupé de son passé et de son histoire. Nomade en ses sentiments, désaffilié, dépersonnalisé. Une sorte de prolétaire moderne, un être sans lieu, sans attaches et bientôt sans naissance, sans métier vivant, courbé sous la férule d'un capitalisme sans entrailles.

---

1. Philippe de Villiers, *Le moment est venu de dire ce que j'ai vu*, Albin Michel, Paris, 2016.

Le mondialisme qui arrache tous les ligaments a fait surgir un monde inconnu, inédit, de fantômes d'âmes, avec une finance irréelle, spéculative, une école covidée et sans ancrage, où on n'apprend plus qu'à « sauver la planète » sans rien sauver du tout, un pouvoir devenu anational, réticulaire, anonyme et privatisé, une économie sans marchés locaux où le travail et le capital ne se connaissent plus. Je fais pousser des tomates qui partent en Ukraine. Et je consomme chez moi des tomates qui en viennent. Les camions se croisent, c'est le voyage en Absurdie.

Le krach du Covid nous a au moins obligés à regarder les choses en face. Le moment du bilan est arrivé. La rupture entre l'homme et la nature, c'est aussi la rupture entre l'homme et lui-même. Pauvres petits poussins d'hommes en batterie, privés, vidés de la sève d'en haut et de la sève d'en bas. Nous voilà guettés par ce que Gustave Thibon appelait, dans nos conversations, « la dénutrition de l'être intérieur ». C'est la séparation fatale de l'homme d'avec ses sources cosmiques et divines et la tyrannie de l'idole sociale.

Nous avons déchiré les tissus vivants comme un enfant déchire une rose. C'est une tragédie. Il ne faut pas regretter le passé. Il faut seulement le méditer. Dans l'ancienne société, les gens n'étaient pas meilleurs, ils étaient liés. Il n'y avait pas plus de moralité, il y avait des mœurs et des rites. Gustave Thibon m'a dit un jour, en marchant dans sa campagne, près du mas familial : « Il y avait un foisonnement désordonné, mais sous cette anarchie de surface, se cachait une unité plus profonde que celle de la morale abstraite des droits de l'homme : l'unité du vivant. Sans doute à cause de cette continuité vitale entre le paysan et la nature qui se nourrit d'une vie souterraine, de frémissements intérieurs. »

Le nouveau tunnel

Nos ancêtres avaient moins de morale que nous, ils avaient plus de mœurs ; nous avons plus de morale et moins de mœurs. Heureusement, dans un vieux pays, comme le nôtre, rien n'est irréversible. Il y a comme une mémoire quasi minérale du sol natal : le déracinement déracine tout, sauf le *besoin* d'enracinement. Nos âmes expirantes retrouveront un jour – espérons-le – les sagesses instinctives. Il faudra refaire des tissus, refaire des paysans, des esprits indépendants, comme on replante des fleurs après l'hiver.

afin de décrire le monde de 2030, à la lumière de leurs « connaissances prédictives ». Parmi les experts, Ida Auken, une personnalité danoise, s'est distinguée en dessinant les contours du mondialisme 4.0 porté par ladite « quatrième révolution industrielle », un monde plat et lisse, débarrassé de l'esprit de convoitise, avec un habitat de cubes connectés où l'on ne possède plus rien, avec des villes où la propriété est devenue inutile, où tout se loue en temps partagé. Le monde remis à zéro : « Vous ne posséderez plus rien. Et vous en serez heureux… » Ida Auken nous accueille ainsi dans sa *smart city* imaginaire : « Bienvenue en 2030. Bienvenue dans ma ville – ou devrais-je dire "notre ville". Je ne possède rien. Je ne possède pas de voiture. Je ne possède pas de maison. Je ne possède aucun appareil ni aucun vêtement. Cela peut vous sembler étrange, mais c'est tout à fait logique pour nous dans cette ville. Tout ce que vous considérez comme un produit est maintenant devenu un service. Nous avons accès au transport, au logement, à la nourriture et à tout ce dont nous avons besoin, dans notre vie quotidienne. Une par une, toutes ces choses sont devenues gratuites, donc cela n'a plus de sens pour nous de posséder beaucoup[1]. »

Dans ce monde épuré, nettoyé, immatériel, les *produits* deviendront donc des *services.* Derrière cette vision irénique, il y a, déjà à l'œuvre et en mouvement, un jeu d'intérêts puissants qui échappe à nos regards distraits.

Ce sont les intérêts des deux forces historiquement

1. https://www.weforum.org/agenda/2016/11/shopping-i-can-t-really-remember-what-that-is

et génétiquement antagonistes qui ont décidé de s'unir. Cette union contre nature s'est faite dans le temple de Davos, en la présence de la jeune égérie à la bannière verte, adoubée par les techno-prophètes. C'est l'alliance des titans du capitalisme globalisé, qui prétend se reverdir pour obtenir l'amnistie, survivre et prospérer davantage, et de l'écologisme bourgeois qui rêve de la grande mue des mœurs et de la société. Les deux forces entendent, chacune à sa manière, changer le monde et changer l'homme, le punir ou l'augmenter, le faire taire ou l'immortaliser pour le *dénaturer*.

En réalité, ce qui est en train de se nouer sous nos yeux, c'est un deuxième compromis historique entre le capitalisme ultralibéral et ses ennemis naturels.

Le compromis initial organisa, à la chute du Mur de Berlin, la collusion attendue depuis le tournant des années 1970, entre les *ultra-libéraux* et les *libertaires*. Les premiers réclamaient la liberté *circulatoire*, les seconds la liberté *sociétale*. On trouva un point d'accord. Les deux revendications fusionnèrent : ainsi naquit l'espèce hybride des « bourgeois-bohèmes », les « bobos ». Le capital, à son tour, voulut « circuler sans temps mort et jouir sans entraves ». La globalisation du libre-échange fut la réalisation, au plan économique, des *idéaux culturels et moraux de Mai 68*. Ensemble, ils firent exploser les barrières douanières, ensemble, ils imposèrent la religion du divin marché, ensemble, ils livrèrent le monde à la marchandisation du désir, mais ensemble aussi, ils en vinrent à fabriquer le CO_2, avec l'émergence du consumérisme compulsif qui pollue la planète jusqu'à l'étouffement.

Le deuxième compromis historique s'est noué en 2015, avec « l'Agenda 2030 », voté à l'ONU et il a été scellé le 11 novembre 2020, en plein Covid, avec le « Green Horizon Summit » – le Sommet de l'horizon vert.

On a vu se renforcer, au fil du temps, la synergie entre ceux qui parlent sur les plateformes du nouveau forum et ceux qui les possèdent. Ainsi s'organisa la rencontre historique entre les *mondialistes* et les *écolos-sociétalistes.* On retrouve au « Green Horizon Summit » les mêmes intervenants que pour le Great Reset à propos du Covid-19. Ce sont les maîtres du monde, reçus à l'Élysée en 2019. On compte parmi eux Larry Fink, le PDG de BlackRock, le gestionnaire d'actifs américains qui a pris une place démesurée dans l'écosystème financier mondial. Larry Fink est membre du conseil d'administration du Forum économique mondial, où il pèse de tout son poids. Par les artères, il est resté vert et, par l'esprit, il est devenu vert entre les verts.

Pourquoi cette alliance de circonstance entre les mondialistes et les écolos-sociétalistes ? Parce que toute idée de limite et de distinction, de culture et de transmission, sont des obstacles à abattre pour imposer leurs utopies et intérêts respectifs. La *tabula rasa* fait consensus. Ils ne visent pas à une saine remise à plat des choix économiques, sociaux, politiques des quarante dernières années, mais à une remise à zéro pour faire du même en pire. La vision du retour à une planète originelle, fantasmée sous le nom de « Mère Nature », est celle d'un regard noir sur les hommes et leur humanité : trop nombreux et nuisibles aux écosystèmes. L'intérêt des nouveaux capitalistes du virtuel, c'est de sauver le système menacé par leurs propres abus, et donc d'accélérer la numérisation d'un monde sans cloison ni racines. On nous dit : « Si vous restez chez vous, vous faites coup double : vous ne *carbonez* plus et vous *numérisez* davantage. » C'est une arnaque : les data centers géants consomment bien plus que beaucoup de villes. « D'ici 2025, le numérique polluera trois fois plus que l'aviation civile[1]. »

Les confinements dus au Covid-19 furent une occasion historique et pour les géants du numérique et pour les activistes de l'écologie. Pour la première fois, nous avons vu la plupart des villes du monde à l'arrêt, sans aucune circulation, sans trafic aérien, ni activité industrielle. Néanmoins, les effets de la cessation d'activité « humaine » n'ont pas été jugés suffisants sur le « bilan carbone ». Il faut donc franchir un cran de plus.

Depuis l'arrivée du Covid-19 et le premier confinement, tout s'accélère. L'état d'urgence, au sens propre, semble s'appliquer à tous les pans de nos vies : numérisation et automatisation à tout va, technologisation de la moindre activité humaine, vaccination express et quasi obligatoire, « avancées » bioéthiques et eugénistes…

Le dérèglement climatique est désormais présenté par la classe dirigeante comme un risque systémique similaire à la pandémie de Covid-19. Sous couvert de bons sentiments, les gouvernements s'inquiètent de l'avenir des prochaines générations. Ce faisant, l'urgence climatique ignore et supplante bien d'autres urgences – la dette galopante, le terrorisme, l'immigration, la perte de nos libertés, le chômage de masse, etc.

1. Florence Rodhain, *La Nouvelle Religion du numérique*, Éditions libre et solidaire / Éditions Management et Société, 2019.

De sorte que l'économie mondiale, dans son ensemble, est sommée de se réorienter au service de cette noble cause ; toutes nos activités sont remises en question pour répondre au nouvel impératif catégorique du « zéro carbone » d'ici 2030. Moins il y aura d'emplois, moins il y aura de pollution. C'est la chasse au gilet jaune.

L'assignation à résidence aura frayé la voie à la digitalisation, l'objectif « zéro carbone » permettra d'aller plus loin, de modifier en profondeur notre façon de vivre.

La route vers la servitude du meilleur des mondes ne sera pas un long fleuve tranquille. On nous laisse déjà entendre que le projet environnemental du Great Reset, du Nouveau Monde, s'accompagnera d'une économie *planifiée* où la liberté créative sera de plus en plus encadrée par le communisme de marché ; cette liberté résiduelle est déjà soupçonnée d'être peu compatible avec la *croissance* prétendument *verte.* On nous annonce que « nous devrons, demain, comptabiliser le “capital nature” dans les bilans des sociétés ». Les entreprises vont changer d'objet social, elles ne seront plus *profitables* mais *missionnaires,* inclusives et reverdies, au service du *climat* et des *minorités victimaires.* La *start-up nation* sera *verte* et *diversitaire* ou ne sera pas.

Même la finance va devoir s'adapter aux conséquences du changement de climat. La valorisation des actifs va changer de couleur. On parle désormais de la « finance verte ». Une décision économique qui ne serait pas reverdie serait lourdement chargée de soupçon. C'est le cri d'Emmanuel Macron : « *Make our planet great again.* »

Le capitalisme est mort, vive le collectivisme ! Il n'est

plus rouge, il est vert... L'on s'éloigne de l'économie de marché pour aller vers une économie mondiale planifiée au service d'intérêts privés. L'ancienne économie, intrinsèquement liée à la propriété individuelle et à la liberté contractuelle, se caractérise par la liberté de vendre ou d'acheter des biens, des services ou des capitaux. Les prix sont fixés par le jeu de l'offre et de la demande. Quant au profit, il est considéré comme la récompense du risque. Dans ce cadre-là, la concurrence entre les entreprises donne un sens aux performances et aux marges... Dans un marché libre, la rentabilité financière décide de la pérennité d'une entreprise.

Or, dans le cas des mesures en gestation pour une croissance durable, il s'agit d'intégrer de manière généralisée, sur toute l'étendue du globe, des critères de *non-performance* économique dans le baromètre de bonne santé des entreprises. Klaus Schwab ne s'en cache pas : « Le Covid-19 sonnera probablement le glas du néolibéralisme. »

Nous allons basculer dans un autre monde. Le premier compromis historique entre les *ultra-libéraux,* qui voulaient un marché planétaire, et les *libertaires* post-soixante-huitards, qui voulaient le « *No Border no Limit* », eut pour effet de tuer les paysans et de délocaliser les usines. La concurrence a eu raison des premiers et les bas coûts des seconds. L'industrie française ne représente plus que 13 % du PIB, contre 25 % en Allemagne. On a dissocié la production et la consommation : on produisait là où c'était le moins cher, on consommait là où il y avait du pouvoir d'achat.

Le deuxième compromis historique, dit de la « réinitialisation », entre les ultra-libéraux et les écolos aura pour but de tenir en liberté surveillée les industries restantes – le délit d'écocide a été inventé pour cela – et il aura pour effet de décourager toute relocalisation ou implantation d'industrie sur notre territoire.

D'un excès, nous allons verser dans l'autre : nous sommes sortis de l'âge d'or du productivisme concurrentiel pour entrer dans l'âge d'or du rationnement planifié, taxé et oligopolistique. Du premier modèle au second, rien ne change du filigrane idéologique : c'est un matérialisme absolu. La folie brumeuse des nouveaux thaumaturges du numérique va plus loin que tout ce que nous pouvons imaginer. En 2018, Jeff Bezos déclarait ainsi dans un entretien pour *Business Insider*[1] : « Blue Origin, la société spatiale que j'ai créée, est ma mission la plus importante. Je crois que d'ici quelques générations, nous allons déplacer toutes nos *industries lourdes* hors de la Terre. La planète Terre que nous connaissons ne sera plus utilisée que pour le résidentiel et les industries légères. Elle sera très belle. »

Pendant que, chez nous, on continuera à tendre l'oreille pour traquer le pet des vaches et à véganiser nos estomacs aux viandes de synthèse, dans la seule idée de décarboner l'atmosphère, les Asiatiques poursuivront leur marche en avant, en se moquant, comme de leur première chemise indienne ou chinoise, de l'effet de serre ou des pangolins de friture ordinaire. Thomas Gomart, le directeur de l'Institut français des relations internationales, a formulé récemment un diagnostic puissant : « La civilisation idéologique promue par la

1. https://www.youtube.com/watch?v=SCpgKvZB_VQ&ab_channel=Businessinsider

Chine se traduit par un système de contrôle individualisé et collectif extrêmement poussé par des moyens technologiques. Quant aux États-Unis, ils n'envisagent nullement la sobriété comme réponse au dérèglement climatique. Les deux pays, qui représentent 45 % des émissions mondiales de CO_2, partagent le même enjeu : la maîtrise du thermostat mondial[1]. » La France n'en représente que 1 %.

Ainsi l'Occident court-il à sa mort lente. Il a perdu la fureur de vivre. C'est le numérique illimité qui va achever la vie. Parce que, non maîtrisé, il devient un formidable outil pour désocialiser. Pour nous ramener à l'homme des falaises de craie qui vivait de silex, de solitude et d'ombres projetées. L'ordre sanitaire et l'ordre écolo-sociétal, mariés sous les auspices du « Nouveau Monde », désignent le virtuel comme le seul médiateur de tous les mouvements, de tous les moments de la vie humaine. Le résumé de cette ambition se trouve contenu dans l'aphorisme du livre-programme du Grand Reset : « Une réunion Zoom, un groupe familial WhatsApp, un cours universitaire distanciel sont certes moins conviviaux qu'une présence des personnes les unes aux autres mais ils sont plus sûrs, moins chers et plus écologiques[2]. »

Voici venir la *Babel verte et numérique,* bel oxymore dont la supercherie finira par éclater. Les peuples décomposés auront ainsi, en quelques décennies, abdiqué leur liberté et, sous prétexte de santé et de sécurité,

1. Thomas Gomart, *Guerres invisibles. Nos prochains défis géopolitiques*, Éditions Tallandier, 2021.

2. Klaus Schwab, *Covid-19 : la Grande Réinitialisation*, *op. cit.*, p. 174.

ils auront vendu leur corps et leur âme à des géants de la démesure faustienne, flanqués de leurs idiots utiles, les khmers verts, qui veulent nous transformer en cyber-nanthropes.

XI

Les deux remises à zéro

L'océan est décidément une source d'inspiration inépuisable. Une métaphore nautique – encore une – fait florès outre-Atlantique, et qui en dit long sur les temps que nous vivons en Occident ; elle s'est répandue sur les campus, depuis le collège universitaire d'Evergreen, dans l'État de Washington.

C'est le président de l'université, George Sumner Bridges, qui a imaginé l'allégorie baptisée le « canoë de l'Équité ». Ne riez pas, lisez la suite, ça va tanguer…

Réunis dans le même amphi, tous les étudiants, professeurs et personnels administratifs s'apprêtent à vivre une scène parodique, en se livrant à l'exercice mimétique d'un embarquement vers de nouveaux rivages d'humanité. Le président est à la manœuvre. Il émet le souhait que tous les participants donnent un coup de barre vers un progressisme novateur – le progressisme de la carnation.

La scène est désopilante, terriblement régressive. Tout le monde joue le jeu – on le voit sur les visages –, c'est du premier degré. Les images ont été filmées[1].

---

1. https://www.youtube.com/watch?v=u54cAvqLRpA

Le canoë imaginaire, qui donne des haut-le-cœur, est disposé virtuellement sur un côté de l'amphi. Depuis l'estrade, l'amiral-président bat sa coulpe sur la poitrine des marins qui se jettent à l'eau et qui, publiquement, s'accusent d'être ce qu'ils sont. On franchit la barrière du respect humain. La pudeur est un concept raciste. L'impudeur est progressiste. Alors il ne faut pas se gêner…

L'autocritique prend son élan avec la confession du président et la mise à l'eau du canoë :

– Ici, nous sommes à Evergreen, on est bons en *diversité*… On est les meilleurs en *diversité*… mais pas en *équité*… On a un problème de racisme sur le campus… Le problème, c'est que certains ne sont pas traités comme ils devraient l'être. Et ça ne pourra pas continuer tant que je serai là.

La formule est sibylline. On est dans le flou. Mais tout va s'éclairer très vite. On entend la voix d'un intervenant qui commande au personnel de rejoindre l'embarcation virtuelle :

– On va monter à bord d'un canoë. Il va parfois rencontrer des vagues, des balancements intentionnels ou non… parce qu'on n'est pas tous d'accord… On n'a pas les mêmes battements de cœur…

Puis, il prend à partie les membres de l'administration :

– Vous devez demander la permission et vous engager à des choses avant de monter à bord du canoë.

Les personnels de l'administration qui ont été choisis sont de couleur blanche. Ils doivent demander l'*autorisation* d'entrer dans le canoë car ils doivent, ce faisant, se soumettre à l'idéologie de *l'équité*. Il faut « dépouiller le vieil homme », comme dit saint Paul.

Un responsable de l'administration s'avance et prête serment :

– Je voudrais monter à bord du canoë parce que *je m'engage* à faire avancer *l'inclusion* et *l'équité* sur le campus parmi tous les élèves et le personnel...

Un second rame, à son tour, derrière lui :

– Je m'engage à faire d'Evergreen un campus plus accueillant pour les étudiants. Et, en tant que prévôt, j'allouerai des ressources afin de former les professeurs pour qu'ils fassent la promotion de *l'équité* et de *l'inclusion.*

Le prévôt est haut placé dans l'administration. Il est au stade terminal de sa réinitialisation. C'est un homme brisé, un clone efficace au service de la bien-pensance. Il prononce les mots qu'il faut.

Une femme se jette à l'eau, elle s'abolit elle-même, elle voudrait changer de peau :

– Je refuse de laisser la *blanchité* me consumer et je vais dire ce mot clairement : *blanchité.* Je veux qu'on continue à *dénoncer la blanchité...*

George Bridges élève à son tour le ton pour se confondre :

– Je suis là et j'engage la position de *privilège* que j'occupe en tant que président de cette université.

On croit revoir, par moments, les scènes d'autocritique de *La Déchirure* ou de *L'Aveu.* Sauf que, là, l'humiliation est volontaire, spontanée. On s'embarque vers le nouveau monde de l'anéantissement des anciens stéréotypes. Le conditionnement est total. Le lavage de cerveau fonctionne à la perfection. Les aveux viennent tous seuls. Le rituel n'est contrarié par aucune hésitation ni réticence. Le progressisme régressif prend le large. Il s'agit d'éliminer « le privilège blanc » ou le « cisgenre » identitaire.

C'est cela, *l'équité.* On ne se définit plus par son caractère ou sa personnalité, mais par son appartenance à un groupe ethnique, sexuel, etc. On est systémique.

L'antiracisme intersectionnel est, ici, selon le commentaire, devenu une religion d'État : « Seul le groupe dominant peut être raciste, sexiste, classiste. Seuls les blancs sont présumés coupables. On ne peut pas éviter d'être socialisé dans une vision raciste du monde quand on est blanc. »

Mais il faut aller plus loin : « Demander à des élèves qui souffrent à cause de la suprématie blanche de nous donner des exemples de suprématie blanche, cela est raciste. Nous devons arrêter de leur demander, parce que nous leur faisons du mal en demandant des preuves. Demander des preuves de racisme, c'est du Racisme avec un R majuscule. » Ainsi s'exprime Bret Weinstein, professeur de biologie qui fut physiquement expulsé de l'Université :

– *Hey, Hey, Ho, Ho, Bret Weinstein has to go !*

Il avait commis le crime de s'être opposé à l'organisation dans son établissement d'un « Jour d'absence », où les « Blancs » de l'université avaient été invités à rester chez eux pour laisser les « personnes de couleur » seules sur le campus. « Ce jour de ségrégation raciale imposée relevait, selon lui, d'une forme de racisme anti-blancs. » Ce démocrate d'origine juive, soutien de Bernie Sanders, nous met en garde : « Tant qu'on n'affronte pas la gauche *woke*, on ignore combien elle est dangereuse. »

Eugénie Bastié et Laure Mandeville ont décrit récemment dans une enquête impressionnante cette vague qui monte, depuis l'Amérique, et qui aborde aux rivages d'une Europe plus que jamais fascinée, mimétique : « Ce processus de désintégration sociale porte un nom : la "*cancel culture*", c'est-à-dire la culture de l'annulation, de l'ostracisme. Cette culture consiste à appeler explicitement au boycott et à l'effacement de l'espace public de personnes jugées racistes, homophobes ou sexistes[1]. »

Les militants revendiquent l'appellation de « *woke* » – des éveillés –, ils sont dans l'émotion, dans ce qu'ils désignent comme le « ressenti victimaire ». Avoir conscience que l'on blesse ou que l'on est blessé, c'est être *woke*, donc en éveil. La vague *woke* s'étend de jour en jour, elle a débordé le champ universitaire, elle inonde les médias, impose des chartes d'épuration éthique dans les administrations, les entreprises, les organisations internationales et européennes.

L'industrie de la Tech a fait allégeance à la gauche *woke* en forçant notamment ses employés à organiser des séminaires d'« inclusivité ». En juin 2020, la romancière britannique J.K. Rowling a été stigmatisée sur les réseaux sociaux et traitée de *Terf* – *Trans-exclusionary radical feminist* –, c'est-à-dire de féministe anti-trans, pour avoir affirmé sur Twitter que la différence des sexes était une réalité *biologique*.

La *cancel culture* guette toute transgression langagière et idéologique, elle désigne ses cibles et fait feu sur elles, en mobilisant les réseaux sociaux. Les deux armes sont, en aval, le *cyberharcèlement* qui stigmatise, radie, élimine et, en amont, la *cyberintimidation* qui ouvre la voie de la sagesse, c'est-à-dire de l'autocensure. L'épée de Damoclès ne tient qu'à un fil et se balance au-dessus des visages pâles. Combien de degrés de privilège blanc

1. Eugénie Bastié et Laure Mandeville, « *Cancel culture, woke* : quand la gauche américaine devient folle », *Le Figaro*, 21 décembre 2020.

pour un métis ? Il s'agit, pour tous ceux-là, d'éviter le bannissement. Si vous êtes « cancellisé », cela veut dire littéralement qu'on vous « annule », qu'on vous efface de la société. Vous perdez votre réputation, votre emploi, et naturellement, vous perdez l'accès à la conversation civique sur les réseaux.

Les petits inquisiteurs ont tous les droits, la justice aucun. La censure devient « tendance », elle est une prophylaxie. Elle est préventive, à travers des *trigger warnings* – des avertissements au contenu choquant –, et punitive, avec le *deplatforming* – l'annulation de toute invitation –, on appelle cela être « *déplateformé* ». C'est l'antique *damnatio memoriae* revisitée par les temps post-modernes.

Le mot clé, c'est le mot « inclusion ». Il faut « inclure », c'est-à-dire céder la place aux minorités : à la tribune du Congrès américain, Emanuel Cleaver, un pasteur méthodiste, représentant du Missouri, chargé de prononcer le sermon inaugural de la nouvelle Chambre des représentants, a terminé, sans rire, par ces mots : « *Amen and... Awomen.* » Ainsi avait-il entrepris de féminiser la formule de foi hébraïque « Ainsi soit-il ». Il voulait ainsi donner un signe *d'inclusion.*

Un peu plus tard, le Committee on Rules de la Chambre des représentants – l'équivalent du bureau de l'Assemblée nationale – a dévoilé la feuille de route de la 117e session du Congrès qu'il veut « la plus inclusive de l'histoire ». Parmi les nouvelles règles proposées, la promotion de l'inclusion et de la diversité, qui prévoit, notamment, « d'honorer toutes les identités de genre en changeant les pronoms et les relations familiales dans les règles internes de l'assemblée pour qu'elles soient non discriminantes sexuellement ». Selon la motion proposée, les mots père, mère, fils, fille, etc., seront remplacés par parents, enfants, *sibling* – un mot qui n'existe pas en français et qui désigne à la fois le frère et la sœur de façon neutre.

L'onde de choc s'est répandue de proche en proche. Aucun domaine de la connaissance ni de la création n'est épargné, aucun pays n'est tenu à l'écart. La *cancel culture* est aussi une *cancel story*, une relecture de l'histoire. Chose inouïe, cette relecture est devenue, en 2020, une relecture de l'histoire de l'art. Les critères de la nouvelle morale décoloniale l'emportent sur les critères artistiques… La loi dans l'art doit répondre désormais à un rattrapage historique. Même le puissant *Art Review* a cédé aux sirènes du nouvel impératif du *cancel.* Chaque année, il élit cent personnalités de la *Power List*, guettée dans le monde entier. Le choix du vainqueur est toujours regardé comme un signe avant-coureur des nouvelles tendances et un baromètre des influences du moment. « Cette année, la première place n'est pas une personne. Ni même un groupe. Mais un concept, un courant politique et militant qui se veut révolutionnaire et international, *Black Lives Matter*[1]. »

Le nouvel emblème de l'Art mondial est donc un poing noir tendu. Il s'agit de dénoncer paisiblement le passé colonial, le racisme systémique et les violences policières. Il y a donc deux sortes d'artistes, les artistes *racisés* et les *non racisés.*

À son tour, la plateforme Disney+ a balayé devant la porte du vieux Walt. L'accusation vise les *Aristochats*, à cause d'un chat siamois qui est représenté avec les yeux bridés, ainsi que *Peter Pan* et ses « Peaux-Rouges » ou

1. « Quand Black Lives Matter fait la loi dans l'art », *Le Figaro*, 14 janvier 2021.

encore *Dumbo* dont les corbeaux sont une caricature des Afro-Américains[1]. Toutes ces œuvres sont désormais inaccessibles depuis les profils « enfants » en raison de ces clichés jugés racistes.

Au Royaume-Uni, la prestigieuse Université de Cambridge a donné le *la* : elle s'en est pris aux orchestrations trop capiteuses de Beethoven en jugeant le compositeur « *too pale, too male, too stale* » – comprenez trop blanc, trop mâle, trop vieux. Il lui est reproché d'être devenu l'étendard symbolique du suprémacisme blanc, masculin et conservateur. Dans sa revue du 25 décembre 2020[2], elle accuse « la *Cinquième Symphonie* d'avoir mis du *classisme* dans la musique classique ». Selon les accusateurs, « pour les femmes, les personnes LGBTQ, les personnes de couleur et autres groupes, les symphonies de Beethoven peuvent être principalement un rappel de l'histoire de l'exclusion et de l'élitisme de la musique classique ».

Avec le gauchisme *woke*, il est clair que la musique n'adoucit plus les mœurs quand elle est blanche. Si, maintenant, on passe du côté de l'orchestre, c'est pire. Le fameux spectacle du Nouvel An, diffusé, sur France 2, le 1er janvier, avec le sublime orchestre de Vienne, a suscité un concert d'indignations[3] : il n'y avait que des blancs. Le trompettiste Ibrahim Maalouf a dénoncé cette fausse note : il n'y avait pas de « diversité ethnique ». Il lui a été répondu que, dans l'orchestre de Ouagadougou, il y a peu de blancs. Et dans le cirque de Pékin, sans doute trop de jaunes. Zhang Zhang, le premier violon

1. Raphaël Grably sur Twitter : https://twitter.com/GrablyR/status/1351930499791548423

2. Revue *Varsity*, site de l'Université de Cambridge.

3. « Petite musique des quotas », *Le Point*, 14 janvier 2021.

de Monte-Carlo qui est une musicienne chinoise, a tenté d'éteindre la polémique : « Le concours de recrutement des orchestres symphoniques est mené derrière un *paravent*... Le jury ne voit pas les candidats. »

C'est alors que le critique musical américain, Anthony Tommasini, s'est levé, il s'en est pris aux paravents : « Les auditions à l'aveugle ne sont plus tenables. » Que faire ? inventer un système de quotas raciaux. Mais si jamais les cuivres sont *racisés* et que le premier violon est *non racisé*, ne risque-t-on pas de crier à la discrimination instrumentale, qui est une forme subtile de « petite musique raciste » ? Dans la surenchère hélicoïdale, où on a la tête qui tourne, jusqu'où ira-t-on ?

Ce qu'il faut bien comprendre, c'est que nous sommes devant un phénomène de grande ampleur et qui a sa cohérence, si l'on peut dire. En tous cas, tout s'emboîte. Entre le Great Reset et la *cancel culture*, la coïncidence n'est pas que chronologique. Il y a une relation idéologique et militante entre les deux assauts éradicateurs. C'est un système gigogne : on nettoie l'individu, son identité, son langage, ses attitudes, sa mémoire et ses pensées de toutes traces de lien, pour le livrer, désarmé, hébété, effrayé, confiné, au mondialisme 4.0 des illuminés de Davos. Un peu comme on rase les poils du cobaye de laboratoire pour préparer le travail. L'horizon de la *Table rase* nourrit la fureur dans toutes les épopées révolutionnaires. Les utopies du jour préparent toujours les massacres du lendemain.

On veut une autre humanité, une autre civilité, un autre monde. On prétend se débarrasser des us et coutumes, se défaire des anciennes pesanteurs, en fabriquant deux classes d'êtres : l'homme *animalisé* et l'homme *minéralisé*, c'est-à-dire *augmenté*.

Censurer, saigner même, bannir, pour inaugurer, faire naître l'homme générique. Refondre la société, réinventer une félicité toute neuve, faire poindre une aube nouvelle, voilà le nouvel impératif moral de l'Occident finissant.

XII

La cancel culture « à la française »

J'ai cherché à savoir quel était, par-delà le jeu des circonstances, le véritable lien entre les deux postures, celle des *woke* et celle des technoprophètes de la réinitialisation. Le point de jonction saute aux yeux. Là encore, les intentions ne sont nullement dissimulées. Tout est à ciel ouvert. Le *plan d'action* figure sur les « *transformation maps* » du Forum économique mondial. Ces cartes se présentent comme des roues de la fortune. Ce sont des outils de lecture prospective et d'aide à la préfiguration ; elles prétendent déceler les « tendances clés » et les « moteurs de changement » qui commandent notre avenir programmé. Évidemment, je me suis précipité sur les « cartes de transformation de la France[1] ». La roue des enjeux français a été réalisée par un réseau d'experts du Forum de Davos, organisé en partenariat – ce n'est pas neutre – avec l'Institut Montaigne[2], connu

1. https://intelligence.weforum.org/topics/a1Gb0000004bqkoEAA?tab=data

2. L'Institut Montaigne créé par Claude Bébéar, en 2000, présidé depuis juin 2015 par Henri de Castries (président du comité de direction du groupe Bilderberg depuis 2012).

pour son idéologie libre-échangiste et son progressisme social-patronal.

Sur toutes ces *transformation maps*, on retrouve côte à côte la « *global governance* » et « l'intelligence artificielle ». Pour la France, la roue comporte une rubrique intitulée « Cohésion sociale ». Cette rubrique est reliée à plusieurs filaments bleus conditionnels. Parmi eux, sont mis en exergue l'« *inclusive design* », le « *LGBTI inclusive* », la « *Migration* » et les « *Youth Perspectives* ».

Il ne faut pas être grand clerc pour comprendre la signification de tous ces ressorts du *reset* français. On devine dans quel sens « la roue va tourner ». La « nouvelle cohésion sociale » ainsi affichée établit le lien, par les mots mêmes que la *map* utilise, avec la *cancel culture.* La parenté entre les démarches tient aux urgences proclamées et aux fameux mots de passe de « l'inclusion » et de « l'équité » qui signent le cousinage prospectif.

Emmanuel Macron – le Young Global Leader – connaît par cœur ces *maps*[1]. Il en applique les recommandations, par petites touches, sans qu'il y paraisse. La France est sous influence. Elle suit le mouvement, il est mondial.

Le *soft power* des géants planétaires de la technologie, de la pharmacie et de la finance a gagné la partie en Europe. Il nous formate et nous impose jusqu'à son vocabulaire franglais. Je repense souvent au mot de Paul Valéry, juste après la guerre : « Les Européens rêvent d'être gouvernés par une commission américaine. » La France est sous pression.

La revue *Time* a donné le ton avec sa une sur Assa

1. World Economic Forum, Strategic Intelligence, transformation map : https://intelligence.weforum.org/topics/a1Gb0000004bqkoEAA?tab=data

Traoré. Plus récemment, après la décapitation de Samuel Paty, le *New York Times* a titré : « La police française tire sur un homme et le tue après une attaque meurtrière au couteau dans la rue. » L'impensé islamo-gauchiste de la presse américaine est tout entier dans ce lapsus. C'est le même journal qui écrit « Noirs » en majuscules et « blancs » en minuscules. Nos élites vacillent. La digue se fissure. Le Président de la République a déjà cédé. Il a prononcé avec complaisance les mots de l'adversaire et il a regretté le « privilège blanc ». L'engrenage est en route.

La une du *Time* n'est qu'un avant-goût de la déferlante à venir. Les élites mondialisées considèrent les êtres humains comme déplaçables et interchangeables. Leurs arrière-pensées visent à uniformiser les peuples et les nations. Dans ce paradigme révolutionnaire, Assa Traoré est devenue un personnage emblématique. Les médias américains l'instrumentalisent, elle est le cheval de Troie pour bousculer et investir la France. La *cancel culture* vient d'arriver dans notre pays. Nos élites, nos dévots l'escortent de leur zèle progressiste.

Notre Evergreen à nous, les Français, c'est Sciences-Po. Au mois de décembre 2020, on a pu lire sur Instagram tout un cahier de revendications du groupe d'élèves « *Bringblacksciencespo* », sur le thème : « être noir à Sciences-Po ». Ces étudiants exigent la création de cours inédits avec, comme thématique, « l'intersectionnalité raciale, la théorie critique de la race et de la pensée coloniale ». Il s'agit de « permettre », notamment aux jeunes « non racisés » – les étudiants blancs – qui perpétuent, selon eux, le racisme au sein de l'école, de « se rendre compte de leur attitude raciste ». Ces militants ne cachent pas leurs intentions : « Nous voulons inviter nos abonnés à réfléchir de manière critique sur les problèmes de racisme ancrés dans la société française, dus à l'histoire coloniale du pays et la construction sociale de la race qui en a résulté[1]. »

Partout en France, se multiplient les *signaux faibles* de la lutte des « genres », des « races » et des « communautés ». L'excès devient la norme. Pour le « mâle blanc hétérosexuel », le masque ne suffit pas pour se fondre dans la foule déracisée et longer les murs, il faudra bientôt un passe-montagne. Alice Coffin, la conseillère de Paris, a donné l'ordre de la mobilisation : « Il faut éliminer les hommes de nos esprits : ne plus lire leurs livres, ne plus regarder leurs films, ne plus écouter leurs musiques... » La culture de l'effacement ne demande qu'à s'épanouir.

Les « faces de craie » doivent prêter la main à la déconstruction de nos stéréotypes et défaire la réputation de nos chefs-d'œuvre de l'art dominant. La justice digitale fait la chasse à la blanchité revendiquée. Les livres doivent être relus par l'équivalent des « *sensitivity readers* ». Les lieux les plus prestigieux de notre culture n'échappent pas au soupçon. Le répertoire de l'Opéra de Paris est sur la sellette : *La Bayadère* et *Le Lac des cygnes* pourraient être déprogrammés. Le nouveau directeur juge « impérieuse l'évolution d'un modèle trop figé ». Les collants blancs sont-ils condamnés à passer un jour prochain à la trappe ? Un rapport récent dénonce la discrimination[2]. Il va falloir « décoloniser le répertoire », en finir avec les tutus et les chaussons roses...

---

1. Wally Bordas, « À Sciences-Po, l'idéologie racialiste fait peu à peu son nid », *Le Figaro*, lundi 11 janvier 2021.

2. « L'Opéra de Paris rattrapé par la bataille de la diversité », *Le Figaro*, le 31 décembre 2020.

La Maison de la Radio, gardienne des Tables de la Loi, tourne sur elle-même et fait les cent pas, elle monte la garde et fait respecter la loi des suspects. Le jeudi 21 janvier, France Culture s'est interrogée, à l'occasion des trente ans du petit éléphant en costume vert : « Babar est la bonhomie incarnée... Mais, derrière l'éléphant tiré à quatre épingles, faut-il lire une apologie du *colonialisme*[1] ? » Nous y sommes.

L'anthropologue Gilles Boëtsch a assuré qu'il était important de dire que les livres d'enfants « ne sont plus forcément pour les *enfants d'aujourd'hui* ». L'épuration commence.

La cancellisation et la réinitialisation ressortissent à la même entreprise de rupture du lien qui existe entre les morts et les vivants, ce lien est l'autre nom de la culture. Un groupe d'universitaires lucides et courageux a récemment appelé à la riposte en créant « l'Observatoire du décolonialisme et des idéologies identitaires[2] ».

La prétention au renversement des statues répond, dans le même esprit de déconstruction, à une surenchère dangereuse qui commence par le caprice individuel mais qui finit le plus souvent par la réécriture de l'Histoire, à la faveur d'un engrenage révolutionnaire qui va bien au-delà de l'épigraphie publique – en Angleterre, une école vient d'être débaptisée. Elle s'appelait « Winston Churchill ». En France, on s'en prend à Colbert...

Les activistes du grand mouvement expiatoire savent très bien ce qu'ils font. Ils cherchent à briser notre imaginaire collectif pour exciter les uns et les autres à la

---

1. « France Culture accuse l'éléphant Babar de faire l'apologie du colonialisme », *Valeurs actuelles*, 22 janvier 2021.
2. « Les nouveaux fanatiques », *Le Point*, 14 janvier 2021.

compétition mémorielle, afin de séparer les « coupables absolus » et les « victimes ontologiques ». Il ne s'agit ni plus ni moins que de perpétrer un « mémoricide » et d'engager un processus de soumission pénitentielle. Dans son fameux *1984*, Orwell avait eu la prescience de ce que nous subissons : « Les livres ont été réécrits, les statues et les rues ont été renommées. » La censure et l'inquisition accompagnent l'ethnicisation des territoires interdits à la police, regardée comme une armée d'occupation. Emmanuel Macron s'apprête à changer des noms de rues. Pour introduire de la couleur. Aujourd'hui, Dumas ne serait plus célébré comme un génie littéraire mais comme un métis. Ce racisme élyséen est insupportable.

L'époque est au révisionnisme historique. Avec une incroyable disproportion des forces entre l'assaillant et l'assailli. Nous assistons au choc de deux phénomènes inédits par leur nouveauté et leur ampleur : d'un côté, une revendication de « décolonisation » de la France, et de l'autre, en forme de riposte, une contrition générale, avec la génuflexion des dépositaires de la charge morale du trésor français. Nous voilà confrontés à une idéologie « racialiste » qui qualifie la France de puissance *étrangère* sur son propre sol. Celle-ci doit donc être « décolonisée ». Observez les nouvelles sémantiques inaugurées dans les derniers mois, ces mots de « racistes », de « décoloniaux », d'« indigénistes », cette expression de « racisme systémique ». Il s'agit de dénationaliser l'Histoire de France, pour la reconfigurer.

On impose, dans le débat public, une logomachie inouïe, avec des termes accusateurs comme ceux d'« islamophobie », et de « violences policières ». Les militants « racialistes » travaillent à ce que prospère un sentiment de honte pathologique chez les jeunes Français, jusqu'à faire naître l'autoracisme : c'est une invitation à cultiver la mauvaise conscience d'être soi, d'être blanc, d'appartenir à l'Occident. On voudrait nous expliquer que, lorsque nous étions des bébés, au fond de nos landaus d'innocence, déjà, nous avions tous du sang dans nos biberons... « Tu seras un homme, mon fils, un homme blanc, un homme coupable. »

La chanteuse Camélia Jordana, dont le magistère est connu, nous a appris l'humiliation initiatique et décoloniale. À ce qu'on dit, c'est une collision en trottinette avec un chauffeur de taxi mal embouché, qui l'aurait mise sur la voie d'une prise de conscience. Elle a accordé à *L'Obs* un entretien de justice réparatrice : « Si j'étais un homme, je demanderais pardon de l'être. » Elle a ajouté : « Les hommes blancs sont, dans l'inconscient collectif, responsables de tous les maux de la terre. » La sentence est un solde de tous comptes.

Une autre artiste, Rosanna Arquette, a tweeté, de son côté, en 2019 : « Je suis dégoûtée d'être née *blanche* et *privilégiée*. J'ai tellement honte[1] ! » La rééducation est à l'ordre du jour.

À partir d'enclaves étrangères qui se sont constituées au sein même de la nation française, on s'efforce de fabriquer des replis identitaires et d'y loger amertumes et rancœurs qui sont semailles de revanche. Le but ultime est celui-ci : faire accepter par les héritiers la mise en accusation de l'héritage, faire admettre l'illégitimité du dépôt millénaire de la civilisation française. À travers les médias et l'université, on appelle au grand reniement :

1. « Pascal Bruckner : La seule identité encore autorisée pour les blancs est l'identité de contrition », propos recueillis par Eugénie Bastié, dans *Le Figaro,* 21 janvier 2021.

la France serait une « puissance colonialiste, esclavagiste, anti-LGBTiste »...

Or, face à cette vindicte qui entend nous désigner comme sujets de haine, il se passe une chose étrange : notre classe dirigeante, de haute penauderie, prise de panique et de remords, vacille entre contrition et génuflexion. Nos élites ressemblent aux bourgeois de Calais : robe de bure, genoux à terre et tête cendrée, ils tendent le trousseau de clés de la Cité aux nouveaux colons. On abandonne les épopées anciennes aux fécondités douteuses. Nos élites en viennent à faire le vide et nous apprennent à se méfier de toute forme d'exaltation et de ferveur. Pour éloigner les petits Français de leurs attachements vitaux, notre histoire officielle, livrée aux sciences sociales jargonnantes et mortifères, revisitée par les historiens devenus des médecins légistes, pratique l'amnésie des grandeurs et l'hypermnésie des lâchetés. Évidemment, on ne parle que du « colonialisme occidental ». Jamais on n'évoque les autres colonialismes – ottoman, japonais, chinois.

Pour la première fois depuis Bouvines, nous sommes en train d'évacuer le sentiment national. Depuis quarante ans, le citoyen français est devenu le consommateur haletant de Globalia. Les nouvelles générations de la société liquide sont américanisées dans leur représentation culturelle du politique. Par l'effet d'un mimétisme hors de sens, nous avons vécu une transposition malhonnête de l'affaire Floyd. Comme si la France était l'Amérique.

Toutes ces manifestations antiracistes poursuivent un but sournois : assigner chacun à résidence chromatique, à partir de sa couleur de peau. En réalité, ces gens ne sont pas « antiracistes » : ils installent le racisme, c'est pourquoi ils parlent de « blanchité ».

Nous avons, face à nous, un nouveau virus : un Covid politique. La menace est simple : la fracturation mortifère. Ce virus installe chez nous une juxtaposition multiconflictuelle de ressentiments. À terme, il produira la désagrégation du corps social. La responsabilité de nos élites est accablante. Après avoir importé sur notre sol de nouvelles populations issues de nos anciennes colonies, nous avons renoncé au principe de la « francisation », pour reprendre le mot du sociologue Edgar Morin.

Les habitants de ces enclaves étrangères, qui se multiplient en France, n'entendent pas vivre et penser comme des Français, et ils accusent la police afin de se soustraire à la loi française. Nous sommes là en présence d'un basculement historique. Depuis l'affaire Traoré et les violences incroyables de Dijon, entre les « communautés tchétchène et maghrébine », c'est le grand dégrisement : la partition se réalise sous nos yeux. Et désormais, on voit sortir des cages d'escalier et des garages à vélos kalachnikovs et fusils d'assaut. Nous sommes prêts pour la phase suivante, l'affrontement prédit par Gérard Collomb.

Nous vivons désormais sous un régime de dictature hygiéniste. La fermeture des librairies, dans un pays né d'un acte littéraire – *La Chanson de Roland* –, donne un sens littéral au mot « dictature ». On nous *dicte* ce qu'on doit penser. On se méfie de la littérature et de l'écriture. On ne veut plus que les gens lisent, on ne veut plus que les gens pensent, on ne veut plus d'artistes. On veut des ventres sur pattes. On veut des gens malléables, masquables à souhait, connectés et traçables à chaque seconde. Orwell avait prédit ce qui nous arrive :

« Le néoparler sera la langue officielle élaborée pour répondre aux besoins idéologiques. [...] Le néoparler n'aura pas pour seul objectif de fournir un idiome propre à exprimer la représentation du monde et les habitudes mentales, il vise aussi à exclure tout autre mode de pensée. Il faudra donc créer de nouveaux mots, mais aussi et surtout éliminer les mots indésirables. Le néoparler a été élaboré non pas pour élargir mais pour rétrécir le champ de la pensée, objectif indirectement servi par la réduction radicale du nombre de mots[1]. »

Tout est lié : l'émergence d'un nouveau vocabulaire pandémical, la remise à zéro du *reset*, le nettoyage du *cancel*, le *traçage* humain et puis, bien sûr, le retour en force de la *censure*. Celle-ci ne revient pas par la porte de service mais par le grand portail numérique qui ouvre sur le Nouveau Monde. Elle est fêtée, saluée sur l'agora par toutes les Cariatides des grandeurs d'établissement. Au nom du combat contre les *fake news*, la censure est appelée à la rescousse comme l'arme létale. Elle est redevenue un mode d'action revendiqué qui appelle les derniers esprits téméraires à apprivoiser, pour leur tranquillité personnelle, l'autocensure.

---

1. George Orwell, *1984*, *op. cit.*, p. 376.

XIII

La grande chaîne des renoncements

Alors qu'il était tout jeune, Brigitte a appris à Emmanuel l'art déclamatoire. On le sait par les anciennes chroniques. On l'imagine sous les tréteaux, à relever la tête, depuis son petit tabouret, avec une lampe de poche tamisée, dans la trappe du souffleur, au théâtre d'Amiens. Elle le regardait de bas en haut, elle le portait ; parfois, elle lui glissait le mot manquant. Les planches de la scène, sous le pas virevoltant du jeune acteur, craquaient, le public aussi.

Elle était attentive, il était talentueux. « Le théâtre, c'est le Verbe », lui répétait-elle en lui enseignant la définition de Louis Jouvet. Il déclamait, modulait, séduisait… Il semblait taillé pour les fabliaux. Les rôles principaux lui étaient dévolus pour jouer *Aucassin et Nicolette* ou *La Farce du cuvier.* La bourgeoisie picarde des jardins flottants s'enchantait de ce jeune prodige du Quai bleu, si doué pour le boulevard… Plus tard, il devait s'attaquer à Courteline et Feydeau. Succès grandissant. « Il ira loin », disait-on. Son tempérament ne le portait pas vers la tragédie. Il avait le débit trop facile et l'humeur trop légère. Il sautillait. Il aimait rire, c'était un joueur.

Le professeur de théâtre ne jugeait pas opportun de lui forcer le caractère.

À cette époque où tout semblait facile, personne, dans son entourage, n'aurait pu concevoir que ce comédien d'herbe tendre se trouvât un jour, sur d'autres planches avec, cette fois-ci, des craquements sinistres, obligé d'improviser les commandements de Créon, et de prononcer, devant un public en détresse, les paroles de la raison d'État pour claustrer la ville de Thèbes : Antigone interdite de visite au cimetière, Polynice qui meurt seul devant ses poissons rouges, Aucassin et Nicolette courant après un passeport vaccinal et le plaisantin du Cuvier, enfermé dans sa pièce, qui cuve seul, devenu hydroalcoolique, accusé de « farces complotistes » par les hautes consciences de la radio d'État…

On a changé de théâtre, de répertoire. On a pris soin de masquer le public pour qu'il ne siffle plus. Et on l'a assigné au numérique pour qu'il n'y ait plus d'attroupement. La pièce finit mal. Emmanuel Macron est comme Giscard, dont on a dit qu'il ne savait pas que « l'histoire était tragique ». Malgré toute ma bienveillance pour lui, ayant appris à le connaître et à percer son mystère, je ne peux pas m'empêcher de penser que le confinement l'a déconfiné aux yeux des Français. Il a tombé le masque : il est dans le Verbe, jamais dans l'Action. Il n'imprime pas, il n'incarne pas. Quelle déception !

Quand le moment viendra de dresser le bilan, on se souviendra que, selon sa parole en campagne, il affichait avec grandiloquence deux objectifs ambitieux : nous « sortir du socialisme » résiduel et nous faire entrer dans la « mondialisation heureuse ». Je pense souvent à VGE qui me disait, lorsque j'étais sous-préfet de Vendôme, en 1980 : un pays bascule dans le socialisme lorsqu'il dépasse les 40 % de prélèvements obligatoires. Emmanuel Macron, qui voulait libérer les forces créatrices, nous aura fait passer la barre des 50 % ! C'est l'État qui assure les fins de mois. C'est de la belle ouvrage... On fait de la dette comme la fille de Molière allait à la selle. Le PS en a rêvé, Macron l'a fait. La start-up nation est en Ehpad.

Le discours avait les allures mirifiques d'un monde sans frontières, un monde d'ouverture... Là encore, quel échec ! Quand on fait du monde un grand hall, le microbe fait de gros dégâts, il n'a pas d'huisseries à franchir. C'est un bonheur pour lui. C'est ce qu'on a fait. Et d'ailleurs, on en connaissait tous les risques. Les alertes étaient publiques. C'était la contrepartie. On a joué le coup, sans trop réfléchir. Le CAC 40 poussait à la mêlée.

Nous avons eu deux virus, qui transhument avec délice : celui de l'islamisme et le Covid-19. Résultat : pendant qu'on libérait les terroristes ou qu'on les accueillait à nos frais, à l'hôtel de France, on mettait des barrières intérieures partout et on a enfermé les gens chez eux...

En réalité, les manettes ne répondent plus. « Le pouvoir, c'est quand on l'a », comme dit Saintignon. Or, le Pouvoir n'a plus le pouvoir. Emmanuel Macron se contente des apparences. On a l'impression que le pouvoir lui brûle les doigts, je pense même qu'il ne le veut pas puisqu'il le distribue à chaque fois qu'il l'obtient. Il espère transférer à Bruxelles tout ce qu'il peut transférer. L'affaire du vaccin confié à la Commission en est la dernière illustration la plus spectaculaire. Il a confié en huit jours, au mois de mars, le pouvoir aux experts en créant le Conseil scientifique – il se liait les mains par avance –, puis l'a remis à des chanceux de la roue de la fortune appelée « Convention citoyenne », il a choisi le tirage au sort, c'est-à-dire la représentation par le hasard... Il vient de recommencer en annonçant la création d'un comité citoyen pour gérer le vaccin... Il n'est pas le seul, hélas, à mettre notre pays au bord de l'abîme. L'affaire vient de loin. Tous ceux qui l'ont précédé ont abandonné notre vieux pays recru d'épreuves.

Depuis cinquante ans, les générations politiques de droite et de gauche qui se sont succédé au pouvoir, ont lâché la rampe, elles étaient baignées dans la même culture, abreuvées au même impératif catégorique, sans cesse répété : « Il faut réformer ! » Ils ont tout détricoté, tout sapé, tout déconstruit. Ils ont démoli les quatre murs porteurs de la société française. Il est impossible de les absoudre, eux et leurs héritiers doivent partir. Car ils ont laissé derrière eux un champ de ruines.

Premier mur porteur, démoli consciencieusement, pierre après pierre : *l'Autorité.* L'autorité paternelle, qui préservait la famille ; l'autorité régalienne qui soutenait l'État ; l'autorité magistrale qui tenait la classe et l'autorité spirituelle qui élevait les âmes. Nous sommes entrés en barbarie. La barbarie, c'est l'amnésie plus la force brute... quand il n'y a plus d'autorité légitime.

Deuxième mur porteur, *la Sécurité.* Les délinquants, les bandes peuvent courir, la sécurité, première raison sociale de vivre en société plutôt qu'en troglophile, n'est plus assurée. Le pays se transforme, les frontières se déplacent à l'intérieur des villes. On se barricade, il y a de beaux jours à venir pour les milices privées. L'État est en train de perdre le monopole de la violence légitime, comme disait Max Weber. D'ailleurs, il a lâché aux chiens sa police. On montre du doigt, aux Tuileries, les nouveaux gardes suisses.

Troisième mur porteur, *la Souveraineté.* On l'a vu avec le virus, nous ne sommes plus souverains, cela veut dire que nous sommes dépendants pour les domaines pharmaceutique et numérique. Nous avons abandonné notre industrie, au nom d'un tertiaire illusoire. Avec une Europe qui, par le processus Hamilton – cet Américain qui promettait que l'État serait fédéral le jour où un emprunt commun serait contracté par la fédération même –, a imposé un emprunt de la Commission.

Le souverain, pendant longtemps, fut le roi ; puis, après la Révolution, ce fut le peuple. Aujourd'hui, il n'y a plus un seul souverain, il y en a deux. Mais ce n'est plus le peuple. Il a été dépouillé, évacué, sans même s'en apercevoir. La souveraineté *externe* est partie à Bruxelles et, finalement, vers tous les non-lieux de pouvoirs informels transnationaux, anonymes et privatisés qui influencent les pouvoirs officiels au sein d'une gouvernance multiforme, réticulaire et sans tête, qui rend l'exercice démocratique de plus en plus vain.

Quant à la souveraineté *interne*, elle n'est plus dans les mains de l'exécutif, trop faible pour l'exercer. Il s'est passé la même chose qu'à la fin de l'Ancien Régime : nos hommes politiques nourrissent leur propre impuissance et l'habillent d'éloquences essoufflées et de tartarinades pour nous dissimuler que, derrière le paravent de leurs lâchetés, ils suivent toujours les objurgations des lits de justice. Désormais, le souverain, c'est le juge. C'est un coup d'État. Le mot de passe pour les nouveaux maîtres, c'est « l'État de droit ».

Mais qu'est-ce donc que l'État de droit ? C'est, selon les juristes, le respect de la hiérarchie des normes. Personne ne peut raisonnablement aller contre cela. Le problème, c'est que cet État de droit doit être compatible avec le droit de l'État. Il ne s'agit pas d'en finir avec le principe de l'État de droit, mais de l'adapter à la nécessaire sécurité des Français. Aujourd'hui, il a dérivé à l'américaine, il faut le ramener au port d'attache.

En effet, c'est le juge qui est le maître de l'État de droit puisque c'est lui qui apprécie le droit. Or il ne le fait plus dans un esprit de transparence de la loi, et donc de la volonté du peuple, mais à travers le tamis de ses préjugés, ou plutôt de son idéologie. Aujourd'hui, il y a un privilège de migration, protégé dans les séances des nouveaux « Parlements ». En d'autres termes, la machine judiciaire est devenue une machine à désagréger la société.

Le général de Gaulle – qui avait accepté l'existence du contre-pouvoir du Conseil constitutionnel du bout des lèvres – avait confié à son garde des Sceaux, Jean Foyer, cette mise en garde qu'il faut avoir en tête : « Souvenez-vous de ceci : il y a d'abord la France, ensuite l'État et enfin, le Droit. » Pour lui, la Cour suprême, c'était le peuple.

L'État de droit, c'était la souveraineté populaire. Mais aujourd'hui – chose inouïe –, nous avons au-dessus du peuple, de notre Constitution, de nos lois, c'est-à-dire de la vie publique, pas moins de cinq cours suprêmes : le Conseil d'État, le Conseil constitutionnel, la Cour de cassation, la Cour européenne des droits de l'homme et la Cour de justice de l'Union européenne.

On pourrait multiplier les illustrations de cette machine à inventer des normes. Par exemple, le 6 juillet 2018, le Conseil constitutionnel déclare que le « principe de fraternité » justifie l'action de ceux qui aident les migrants illégaux à entrer chez nous. Malgré la loi française, le Conseil constitutionnel choisit un mot du triptyque républicain, l'élève au-dessus de la Constitution, et déclare ainsi que l'on ne peut plus toucher à la migration clandestine. C'est l'idéologie des droits de l'homme, des droits individuels détachés de leur allégeance nationale. Il n'y a plus de citoyens, il n'y a que des « individus-qui-ont-des-droits ».

La bataille se joue d'ailleurs au niveau européen. La liberté législative d'interdire l'avortement ou de contenir le LGBT est par exemple contestée aux Polonais, au nom de l'État de droit ; le droit de fermer ses frontières est refusé à la Hongrie, au nom de l'État de droit. C'est ainsi que ce dispositif normatif protecteur est devenu un attrape-nigaud, et parfois une broyeuse transidentitaire.

C'est l'État de droit des juges qui détruit la nation, au nom du principe de « non-discrimination » qui a été affirmé comme un principe supra-constitutionnel. Qu'est-ce donc qu'une nation ? C'est un espace où l'on discrimine ceux qui font partie de cet espace et ceux qui n'en font pas partie. Il y a les nationaux et les étrangers, les citoyens qui ont droit à la pérennité du séjour et les étrangers qui n'y ont pas droit. On a oublié que la frontière n'est pas un mur d'inhumanité, c'est un filtre pacificateur.

Le principe de « non-discrimination » permet à la terre entière de rentrer en France. La nation devient en elle-même, aux yeux des tenants de l'État de droit, une dangereuse discrimination, contraire à l'horizon intouchable de la « Planète pour Tous ». Ainsi faut-il comprendre la phrase prophétique du cheikh Youssouf al-Qaradâwî : « Avec vos lois démocratiques, *nous vous coloniserons.* Avec nos lois coraniques, *nous vous dominerons.* » L'affaire est presque dans le sac.

Il y a une urgence vitale à adapter notre État de droit aux conditions de la survie. Je me reconnais dans la recommandation de Marcel Gauchet : « Il faut certes que la souveraineté du peuple n'opprime pas les droits individuels – problème classique qui justifie l'autorité des juges –, mais il ne faut pas non plus que les droits individuels conduisent à la liquidation de la souveraineté du peuple et spécialement dans sa dimension primordiale du droit de se défendre comme peuple. » Il faut donc remettre à sa place l'État de droit par rapport à la démocratie souveraine.

Dans une interview automnale, Laurent Fabius, président du Conseil constitutionnel, affirma, toute honte bue : « Ne sacrifions pas nos valeurs à la lutte antiterroriste... » Il parlait en ces termes au moment même où sa juridiction venait de censurer, le 7 août dernier, les mesures de *sûreté* à l'encontre des condamnés pour terrorisme, à l'issue de leur peine, que proposait un projet de loi de la majorité.

Le quatrième mur porteur, c'est *l'Identité*. Elle a été abîmée par les mouvements indigénistes et troublée par l'islam conquérant. La société française perd sa substance et se décompose. On a pratiqué l'euthanasie dans les EPHAD, on a forcé le barrage sur la PMA et, au lendemain de l'apparition d'une pathologie qui révèle le danger d'une maladie transmissible entre espèces, la loi a autorisé la création d'embryons transgéniques ou chimériques mêlant des cellules souches humaines et animales. Le monde a glissé, depuis l'engendrement naturel de l'enfant, vers la procréation technique, et la sélection organisée est devant nous.

La France, aujourd'hui, est au bord du précipice et on sent bien qu'elle peut mourir. Plusieurs générations politiques qui se sont donné la main pour nous faire entrer dans la post-modernité peuvent craindre le jugement de l'Histoire. Tous ces gens que j'ai connus de près n'ont cherché qu'à plaire. Ils se voulaient dans l'air du temps.

J'ai vécu assez longtemps pour me souvenir de la grande chaîne des renoncements. La France change de peuplement. Chacun a descellé sa pierre de l'édifice. Chaque Président, chaque gouvernement. Leurs palinodies ne donnent que plus de relief à la constance de leurs politiques migratoires : chacun a ajouté sa petite touche. Avec Pompidou, nous avons eu *l'immigration de travail*, exigée par le patronat qui voulait une main-d'œuvre moins chère.

Avec Giscard, nous avons eu *l'immigration de peuplement*, avec le chassé-croisé criminel entre l'avortement de masse et l'immigration de masse, c'est-à-dire l'esquisse d'un changement de peuplement, à la faveur du baby-krach.

Avec Mitterrand, ce fut *l'immigration de rédemption* : le *lumpenprolétariat* de substitution. Ce sont les années SOS-Racisme – qui cherchait à faire pour les racistes ce que SOS-Baleines faisait pour les baleines : les sauver. Je n'ai pas oublié la phrase célèbre qui signe le septennat de Mitterrand : « Les étrangers sont chez eux chez nous. » Il a joué avec le feu. On l'encensa. Il s'en amusa dans plusieurs conversations avec le jeune secrétaire d'État que j'étais.

Ensuite, nous avons eu Chirac et *l'immigration de régénération*, avec les accords de Schengen. Non seulement nous n'avions plus de frontières, mais nous avons abandonné le creuset de « l'assimilation » en 2004, avec le principe d'« accommodement mutuel », soutenu par le Conseil et la Commission européenne. Ce sont les années de « l'accommodement raisonnable », le multiculturalisme naissant que combattait pourtant, encore en 1990, la plateforme RPR-UDF.

Vint ensuite Sarkozy et *l'immigration d'enrichissement réciproque* : la création du Conseil français du culte musulman – CFCM –, la présence solennelle du chef de l'État au congrès de l'Union des organisations islamiques de France – UOIF – le 19 avril 2003, et cette phrase fameuse qui résume son quinquennat : il faut « sortir l'islam des caves ». Ah, le sophisme ! Dans les caves, c'est à nous d'y aller confinés. Naturellement, il fut aussi le Président qui nous a imposé la discrimination positive à l'américaine… C'est à ce moment-là qu'on a livré au public cet impeccable syllogisme : « Certes, l'islam radical existe. Mais l'islam modéré ne demande qu'à le vaincre. Il faut donc encourager l'islam modéré. L'islam radical est plutôt dans les caves. L'islam modéré est plutôt dans les mosquées. Il faut donc sortir des caves et construire des mosquées. » Imparable, n'est-ce pas ?

Ce fut ensuite Hollande et *l'immigration de clientèle*, avec Terra Nova qui l'invita explicitement à quémander les suffrages des immigrés pour faire l'appoint et être élu. C'est à ce moment-là qu'on commence à verser un pourboire de six milliards d'euros à la Turquie pour qu'elle protège nos frontières ! On continue à payer chaque année pour retenir le sultan et l'amadouer. Hollande, c'est également le « délit d'islamophobie » : voici venir la grande intimidation. Toute personne qui dénonce la descente aux enfers peut aller en prison, ou avoir des problèmes avec la justice.

Enfin, c'est Emmanuel Macron, avec le *managing migration*, c'est-à-dire le *management de la migration*. C'est le pacte de Marrakech et c'est le Pacte européen du 23 septembre. Selon ces pactes, la personne humaine n'est plus qu'un agent économique interchangeable et déplaçable au gré des besoins de la mondialisation.

Dans la hiérarchie de l'abandon, chacun peut revendiquer son trophée. Chacun, à sa manière, a renoncé à la France, sous prétexte de la « réformer ». Et maintenant, avec le Covid, on liquide les derniers indépendants, les derniers créateurs ; les têtes et les fortes têtes ont fini masquées, on ne les entend plus sur la place publique, elles grognent sous le bâillon. Où est passé le panache de Cyrano, de Charette, l'esprit chevaleresque de Bayard et de La Hire ? On a commencé la geste française avec des heaumes, des blasons, on est en train de la finir avec des muselières et des injections sous la cuirasse.

Un jour, Emmanuel Macron avait exhorté tous ses députés, à la Maison de la Chimie : « Soyez des amateurs. » Il a été exaucé. Nous sommes gouvernés par une bande d'amateurs.

Je crois vraiment qu'il est temps, pour ces gens, de changer de métier, de fortune, de vie.

XIV

Le secret ultime de la Réinitialisation

« *Can Google solve death* ? » Est-ce que Google peut résoudre le problème de la mort ? C'est encore *Time* qui pose la question sur toute la largeur de sa « une ». Et le magazine anticipe l'incrédulité du lecteur en répondant avec un sous-titre circonstancié : « Ce serait fou si ce n'était pas Google qui le proposait[1] »...

On en déduit que la chose est sérieuse, que Google se prépare à de nouvelles conquêtes. Cette société hautement créative a encore élargi son objet social. Elle va bientôt mettre en vitrine un nouveau produit, un nouveau service : l'immortalité. On s'éloigne du télétravail et de l'assistance médicale numérique, on monte en gamme...

Par les temps qui courent, plus rien n'étonne : le verbe « créer » pourrait, pour l'homme de demain, devenir intransitif. Créer quelque chose, c'est humain. Créer tout court, c'est divin.

D'ici quelques années, nous ne serons plus seulement des humains hyperconnectés ; Google et les démiurges capitalistes nous proposent un autre destin – devenir

1. « Can Google solve death ? », *Time*, 30 septembre 2013.

transhumains –, ils nous promettent le recul progressif de ce qui nous définit comme vivants, c'est-à-dire la mort. Toutes ces puissances privées qui mènent le monde nous préparent un *autre* monde, défini par Klaus Schwab comme le point d'aboutissement de la fusion du physique, du biologique et du numérique. Elle est là, la ligne de fuite de ce que nous vivons en ce moment. Derrière le numérique, il y a le transhumain. C'est encore la Big Tech qui est à la manœuvre. Elle accomplit le passage vers la mutation du post-humanisme. Le temps du Covid n'est qu'une phase intermédiaire.

Comment les élites mondiales réagissent-elles à ce projet inouï de privatisation de l'éternité ? Elles suivent le mouvement – il y a des marchés à venir florissants. Quant aux organisations interétatiques, elles accompagnent de leurs vœux pieux cette vision qui aura pour vertu d'atomiser un peu plus vite encore les cercles d'affinités traditionnelles.

En réalité, les dirigeants politiques des démocraties fatiguées sont les « compagnons de route » des *gatekeepers* du Web. Chacun voit le Grand Soir à sa porte : pour les titans des Nanotech, de Biotech et de l'Intelligence artificielle, il s'agit de libérer l'humanité de ses déterminismes biologiques. Pour les gouvernements, il s'agit au contraire d'assigner l'humanité à ses déterminismes numériques. Dans ce jeu des contraires, il y a une alliance objective entre les deux, un échange de services : les politiques acceptent de faire sauter les frontières pour les nouveaux empires. Et les nouveaux empereurs acceptent de fournir aux politiques un outil de contrôle sans pareil des populations.

C'est un accord équilibré entre les deux surveillances : la surveillance civique, la surveillance marchande. Les puissances privées du Virtuel entrent au domicile de leurs clients qui leur livrent leur for intime ; après quoi elles remettent aux puissances publiques les précieux collationnements. En contrepartie, les Pouvoirs publics s'engagent à ne pas criminaliser le vol d'intimité et le viol de cerveau. Dans les deux cas, le client est une cible ; dans les deux cas, on rêve d'approcher de plus près ses désirs, ses allergies, le champ magnétique de ses pulsions et de ses faiblesses. On rêve d'en faire un produit neuf, sur lequel on pourra travailler. Le smartphone est la prothèse d'entrée. On ira beaucoup plus loin pour l'entretenir et lui redonner du temps de jeu, du temps de vie.

Voici venir « l'homme global ». Il échappera aux anciennes pesanteurs. L'étape ultime du progressisme – l'hominisation absolue – sonne comme la victoire de l'humanité sur sa propre finitude. « La régénération de l'espèce humaine ! » aurait proclamé Robespierre, l'homme de l'Être suprême – qui, par parenthèse, aurait adoré le transhumanisme et qui tenta lui aussi son Great Reset.

L'histoire des derniers mois est à resituer dans le contexte de ces nouvelles résolutions de la super-classe dirigeante de la planète unifiée. Le virus fut « une fenêtre d'opportunité » pour accélérer le tout-numérique, ils l'ont dit et répété. C'est fait. Au nom de la santé. La main des gouvernants de la biopolitique n'a pas tremblé, ils ont tout osé : le confinement, le couvre-feu, le masquage généralisé, le télécalfeutrage, le coma artificiel des métiers au long cours, le sacrifice des jeunes générations.

Maintenant, c'est le moment du passeport vaccinal. Il y a, il y aura des résistances, mais il faudra y passer. L'idée, à terme, c'est de nous tracer, nous tenir, de nous contrôler, au nom du Bien-Être, au nom du Bien, au nom du camp du Bien. Pourquoi imposer à toute force le passeport vaccinal ? On ne comprend rien à cet empressement général autour du passeport sanitaire si l'on ne considère pas l'enjeu financier colossal qu'il représente. Le passeport sanitaire, c'est la porte d'entrée de l'identification numérique des individus – *via* leur smartphone, leur montre ou un implant sous-cutané. Une fois les individus porteurs en permanence de leur identification numérique, s'ouvrira une autre porte, celle du gigantesque marché de l'internet des objets, cette montagne d'objets connectés, bientôt *via* la 5G et la 6G, qui s'immiscent déjà partout dans nos maisons, nos voitures, nos villes, nos vies : une manne – tenez-vous bien – de 1 500 milliards de dollars par an d'ici 2025... Le passeport vaccinal, c'est le raccourci providentiel vers l'Eldorado pour la Big Tech.

Pour parvenir jusqu'aux rivages convoités de la domestication intime et de la rente financière illimitée qui en découle, il y a un préalable, un « point de bascule », comme disent les élites du Forum de Davos. Cela s'appelle « la présence numérique ». Elle nécessite toutefois notre consentement initial à l'identification numérique. Après, il sera trop tard, nous aurons signé un chèque en blanc. Pour assurer le passage de l'obéissance physique à l'obéissance virtuelle automatique. Cette mutation est programmée depuis 2015. Tout cela est passé complètement inaperçu.

Le calendrier est déjà connu. La date de la première étape, c'est 2030. Ainsi en a décidé l'Assemblée générale des Nations unies[1]. Cela veut dire qu'en 2030,

1. Voir : https://www.agenda-2030.fr/odd/odd16-promouvoir-lavenement-de-societes-pacifiques-et-ouvertes-aux-fins-du-developpement

nous aurons tous une nouvelle identité, *l'identité numérique.* C'est le premier pas vers la digitalisation totale du monde. Une société à 100 % technologique, fluide, contrôlable.

Le plan de travail a fait l'objet, en avril 2019, d'un rapport approfondi du McKinsey Global Institute, toujours dans la course dès qu'il s'agit de nomadiser les vieilles sociétés. L'étude a d'ailleurs été conduite en collaboration avec les Fondations Open Society de George Soros et la Fondation Rockefeller. On y retrouve les mots et les logiques sous-jacentes de la *cancel culture* et du *reset*, la fameuse « inclusion sociale et sociétale », ainsi que « l'équité ». Ces gens-là n'oublient jamais l'objectif caché : favoriser le choc entre les « minorités intersectionnelles » et la société traditionnelle, afin d'épuiser les dernières résistances du monde d'avant, pour aller vers la société liquide.

Les observateurs n'auront pas manqué de noter, au passage, que la psychose planétaire de 2020 a accéléré, *de facto*, l'intérêt pour *l'identité numérique.* Sans qu'on le sache, un consortium américain est déjà à la manœuvre. Il s'appelle ID2020. C'est lui qui travaille principalement à « l'identification numérique pour tous ». Les projets pilotes sont aujourd'hui en Thaïlande, en Indonésie et au Bangladesh. Ce sont des plateformes d'identités numériques soutenues par la biométrie. À l'occasion des vaccinations, sont établies, pour les bénéficiaires, des « cartes de santé numériques ».

Le consortium ID2020 est lié depuis son origine à l'Alliance du vaccin GAVI. Il en est d'ailleurs l'une des émanations. Si les premiers discours d'ID2020 pour développer l'identité numérique insistaient sur le droit individuel de disposer d'une identité juridique – un droit de l'homme, selon ID2020 –, depuis la circulation du

Covid-19, le consortium a changé son angle d'attaque. ID2020 s'engage désormais dans la lutte contre le virus en faisant l'apologie des certificats d'immunité. L'identité numérique est en fait un alibi technologique pour accroître, *via* la nouvelle Tchéka numérique, non seulement la manne financière des Big Tech grâce au marché de l'internet des objets, mais aussi le contrôle social des populations – avec, à terme, la possibilité, pour les pouvoirs publics et les entreprises privées, d'imposer la présentation du certificat vaccinal ou immunitaire pour avoir accès à un avion, au restaurant, au cinéma, aux centres commerciaux, voire à des prestations sociales, pourquoi pas à l'inscription scolaire ? Géolocaliser les petits points lumineux, et pouvoir à tout moment faire un plan serré sur chaque fourmi errante, scanner les corps, sonder les âmes, capter les humeurs et retranscrire les affections, voilà l'objectif.

L'identité, comme la monnaie, est une affaire régalienne. Elle devrait rester hors des intérêts privés, qui empiètent désormais sur cette fonction d'État sous un alibi humanitaire – fournir une identité aux pays pauvres – et un alibi technologique – le gouvernement n'a pas les compétences opérationnelles pour la développer seul. Ainsi, de façon inquiétante, l'identité numérique est-elle promue par des géants de l'internet américains – à tendance oligopolistique – en partenariat avec des institutions internationales aux connotations sulfureuses. Le ballet se joue à quelques-uns. On est entre soi. Parmi les activistes de cette novation, on retrouve toujours les mêmes organisations mondialistes, progressistes ou amies de Davos – la Banque mondiale, la Fondation Bill et Melinda Gates, la Fondation Rockefeller, les Fondations Open Society, GAVI, Mastercard, Microsoft, Accenture, etc.

Notre sort est désormais entre les mains des grands feudataires de nos apanages virtuels, qui n'ont pas le moindre égard pour les sagesses élémentaires et garde-fous éthiques des aventures neuroscientifiques. On nous annonce que le post-humanisme sera un nouvel humanisme. On a oublié l'esprit de mesure rabelaisien : « Science sans conscience n'est que ruine de l'âme. »

L'identité numérique est un nouveau marqueur qui dépouille le néo-vagabond de ses anciennes identités – individuelles ou familiales. Le livre-programme de Davos explique qu'il faudra « redéfinir les identités personnelles et redéfinir l'identité familiale ». Fini le temps où on avait coutume de s'identifier à un lieu ou même à une langue, explique Klaus Schwab. « Avec l'essor des échanges en ligne et l'exposition accrue aux idées venant d'autres cultures, les identités sont devenues plus fongibles... Les contraintes spatiales étant abolies, l'unité familiale traditionnelle se trouve remplacée par un *réseau familial international*[1]. »

La révolution technologique à venir permettra aux autorités de « s'immiscer dans l'espace jusque-là privé de notre esprit, en lisant nos pensées et en influençant notre comportement ».

Nous voilà à une étape charnière dans l'histoire de l'humanité. C'est un choix de société qui dépasse les frontières de la raison.

Le 4 août 2020, un brillant ingénieur physicien français,

---

1. Source : Global Agenda Council of Migration, World Economic Forum, cité par Klaus Schwab dans *La Quatrième Révolution industrielle*, *op. cit.*, p. 102.

spécialiste en intelligence artificielle, exerçant au CNRS, Philippe Guillemant, a brisé l'omerta : « Ceux qui sont pour l'obligation du port du masque sous-estiment grandement le fait que le masquage est un prélude à la vaccination, qui est elle-même un prélude à l'identification numérique puis au traçage humain qui s'ensuivra naturellement, avant de nous conduire en très peu de temps à l'ère transhumaniste, introduite par l'analyse en temps réel de tous nos gestes, actes, déplacements et rencontres par des programmes, qui sont ma spécialité. Or, cette perspective est à mes yeux bien plus grave que n'importe quelle bombe atomique ou guerre mondiale[1]. »

Le projet du passeport vaccinal, caressé par notre gouvernement en décembre 2020, et sur lequel travaillent Microsoft, Salesforce et Oracle, rejoint l'idée d'une signature biométrique, qui permettra une identification, un contrôle, une localisation à toute heure, de nuit comme de jour. Et tout cela nous sera bientôt présenté comme une facilité de vie – on n'aura plus besoin d'argent liquide –, un bouclier immunitaire, une protection allégée contre les pandémies sournoises à venir. En fait, leur projet va bien au-delà du smartphone. Ils veulent notre peau – je veux dire nous glisser une puce sous la peau.

Le patron de Davos a déjà tout imaginé sur les « technologies implantables[2] » :

« Le point de bascule sera le premier téléphone implantable commercialisé. D'ici 2025, les gens seront toujours plus connectés à leurs appareils, et ces appareils seront de plus en plus connectés à leurs corps. Ils

1. https://www.nexus.fr/actualite/billet-dhumeur/philippe-guillemant-transhumanisme/

2. Klaus Schwab, *La Quatrième Révolution industrielle*, *op. cit.*

seront aussi implantés dans l'organisme, où ils rempliront diverses fonctions : communications, géolocalisation, suivi du comportement et de la santé. Les tatouages intelligents pourraient aider à identifier et localiser les personnes… Ils permettront aussi de communiquer les pensées normalement exprimées par la parole *via* un smartphone "intégré" et, potentiellement, les émotions non exprimées en lisant les ondes cérébrales. »

Selon un article de WT Wox : « La *smart dust* – une poussière intelligente –, composée d'une myriade d'ordinateurs plus petits que des grains de sable, est capable de s'organiser à l'intérieur du corps pour créer des réseaux *ad hoc* et d'activer un ensemble de processus internes complexes… »

Dans un monde de plus en plus connecté, la vie numérique d'une personne devient inextricablement liée à sa vie physique. À l'avenir, « construire et gérer son identité numérique deviendra une pratique aussi courante que parler, agir ou suivre une certaine mode vestimentaire pour afficher sa personnalité ».

Le maire du palais Klaus Schwab annonce un grand tournant : pour la première fois, une mémoire artificielle sera bientôt implantée dans le cerveau du premier humain ainsi augmenté. Le cerveau sera donc le champ de bataille du futur. Ce n'est pas un hasard si on parle déjà du « soldat augmenté ».

La technologie pourra identifier tout ce qui a trait à la température et aux vibrations du corps, jusqu'aux essoufflements, aux tremblements de peur ou fatigues nerveuses. Elle pourra capter et lire nos sentiments : l'émotion, les larmes, les rires, les indignations. Nous serons transformés en des sources de données biométriques de masse. Nos gouvernants-maternants apprendront à nous deviner de l'intérieur, mieux parfois que nous ne saurions le faire avec nos introspections. Le « Connais-toi toi-même et tu connaîtras l'univers et ses dieux » de Socrate sera bientôt une antiquité. Mon inséparable robot siamois me connaîtra mieux que moi-même.

Certains États préparent déjà la parade à cette révolution qui sème l'effroi. Le Chili, par exemple, envisage d'inclure « le principe d'identité mentale » dans sa Constitution. Il entend protéger ses ressortissants pour « éviter qu'un jour les cerveaux des Chiliens ne soient hackés et manipulés[1] ».

L'implantation de technologies dans le corps prépare « l'homme-machine », et l'avènement d'une nouvelle ère, celle du post-humain. Larry Page, le fondateur de Google, a ainsi salué cette perspective : « Le cerveau humain est un ordinateur *obsolète* qui a besoin d'un processus plus rapide et d'une mémoire plus étendue[2]. » Et son collègue Sergey Brin a lui-même ajouté : « Nous pouvons penser qu'un jour, nous fabriquerons des machines qui pourront raisonner, penser et faire les choses mieux que nous, les hommes[3]. »

L'homme et la machine vont faire cause commune – un corps machinal. La fusion s'opérera grâce à des lacis neuronaux. Les bureaux d'étude y travaillent. On nous traite comme des scooters électriques. On va nous brancher l'esprit et nous fournir en nouvelles pensées.

---

1. « Le cerveau des Chiliens ne sera ni hacké ni manipulé », *Ouest-France*, 19 décembre 2020.

2. https://www.nouvelobs.com/societe/20111018.OBS2756/comment-internet-modifie-notre-cerveau.html

3. https://www.youtube.com/watch?v=Wdnp_7atZ0M&feature=emb_logo&ab_channel=KhoslaVentures

Lors d'une conférence diffusée sur YouTube le 28 août 2020, le multimilliardaire américain Elon Musk a présenté l'implant cérébral de sa start-up : il était accompagné de trois truies cobayes « porteuses de la puce ». La presse, ébaubie, transportée, les a déclarées « heureuses et en bonne santé ». Content pour elles ! Et bientôt pour nous. Nous allons passer du suffrage au puçage universel. Elon Musk a tiré les leçons pour l'homme : « Implantée dans le cerveau humain, cette puce, dotée de cheveux ultra-fins, permettra de communiquer par télépathie, de stocker ses souvenirs ou de les effacer. » L'opération se fera sans anesthésie, elle ne laissera qu'une petite cicatrice au cuir chevelu. Ainsi pourra-t-on télécharger la pensée dans des microprocesseurs pour fusionner l'intelligence humaine et l'intelligence artificielle.

Elon Musk prévoit non seulement qu'on pourra stocker ses souvenirs sous forme numérisée mais aussi « les télécharger dans un corps ou dans un robot ». L'étape suivante sera de relier cet homme-machine à des milliers de satellites, grâce à des projets comme Starlink, Oneweb et Kuiper Systems, au nom desquels on crible le ciel de nouvelles étoiles artificielles, comme si l'espace ne faisait pas partie de « Mère Nature ». L'ascension va bientôt commencer. Nous aurons l'humeur astrale et l'âme digitale. Les petits archanges, là-haut, n'ont qu'à bien se tenir. L'orgueil n'a plus de limites.

Notre société a perdu le fil, elle a perdu l'équilibre et la raison. Elle met l'homme en danger. Derrière ces projets fous qui s'enivrent d'une post-humanité rêvant à la mort de la mort, il y a une idéologie d'apprentis-sorciers qui prétend améliorer l'espèce humaine... Et qui est déjà présente dans nos lois : c'est le distanciel généralisé, la procréation en dehors des relations humaines, l'ectogenèse du meilleur des mondes, l'eugénisme des bébés OGM, la chosification de l'embryon, moins bien protégé que le pangolin ou la chauve-souris, la marchandisation du vivant, la désaffiliation qui supprime les liens de parenté biologique pour les remplacer par des liens d'intention, le post-sexualisme, les vaccins-miracles fabriqués à base de cellules-souches humaines HEK293 de rein de fœtus avortés[1]. Sans oublier les chimères homme-animal, dont le projet a été voté à l'Assemblée nationale.

Nous dévalons la pente. La vie du petit-homme était intouchable. Elle n'est plus un absolu. La désaffiliation nous prépare un monde d'errance et de solitude abyssale. La fraternité sans père ni mère deviendra une abstraction totalitaire.

Ce monde de l'esprit téléchargeable sera invivable. La Big Datasphère nous prépare, avec une humanité sans homme ni femme, un technomessianisme antigénéalogique. Nous serons suspendus dans le vide, condamnés à mourir de froid, à vivre sans légendes. Ce sera la naissance par blouse blanche, on naîtra d'un tri d'embryons ; sous la supervision des anges informatiques, on n'engendrera plus. Le serpent biblique va gagner. Apple a croqué la pomme. « Nous serons comme des dieux »... Jusqu'ici, Dieu était propriétaire des brevets, nous étions ses enfants. Et voilà que tout à coup, l'homme-réparateur devient lui-même créateur. C'est vertigineux. Faust et Prométhée se donnent la main, la vie prend feu...

Jadis, il y avait la sagesse. Elle nous protégeait des

1. Information for UK recipients on Covid-19 Vaccine AstraZeneca, chp. 6 : https://www.gov.uk/government/publications/regulatory-approval-of-covid-19-vaccine-astrazeneca/information-for-uk-recipients-on-covid-19-vaccine-astrazeneca

extravagances et de la démence. Elle inclinait à ce que la technique fût toujours bridée par la morale. Après Mai 68, on a créé des comités qui ont renvoyé la morale aux temps révolus. On s'est déclaré à l'âge « post-moral ». J'ai assisté au grand passage. Il n'y avait autour de nous que des élites en pâmoison. On parle désormais d'*éthique*, c'est devenu tendance. Au nom de l'*éthique*, on s'affranchit de la *morale*, et on affranchit la technique. Elle n'est plus serve. On lui a transféré le sacré. Elle fait de l'objet un dieu pour l'homme. Nous sommes passés de la morale à l'éthique – c'était hier – et – maintenant – de l'éthique à la *transéthique*. La technique a partie liée, enfin, avec ses rêves les plus fous.

On va franchir le mur du son de la morale. On va franchir la barrière de l'espèce. Le vivant devient un terrain de jeu pour ces jeunes gens grandis trop vite aux soleils artificiels des serres californiennes. Le robot anthropomorphe se retournera un jour contre ses créateurs présomptueux. Vouloir changer l'identité génétique de l'homme en tant que personne humaine par la production d'un être infrahumain est radicalement immoral.

Le cybernéticien anglais Kevin Warwick a décrit la post-humanité à venir : « Il y aura des gens implantés, hybrides et ceux-ci domineront le monde. Les autres, qui ne le seront pas, ne seront pas plus utiles que nos vaches gardées au pré… Ceux qui décideront de rester humains et refuseront de s'améliorer auront un sérieux handicap. Ils constitueront une sous-espèce et formeront les chimpanzés du futur. » Beau programme… Nous serons invités à appeler les animalistes antispécistes à notre secours, au nom de notre « souffrance animale », torturés que nous serons par les gargouillis de nos robots intérieurs qui nous tiendront en leur pouvoir, en leurs caprices.

Le rêve affiché du projet transhumaniste, c'est d'atteindre ce que ses « théologiens » appellent le point de *singularité*, c'est-à-dire le moment où s'accomplira le passage de l'humain au surhumain. Le transhumanisme, dans sa prétention à la divinité, prépare le jour d'après. C'est une mystique, une religion : l'homme *augmenté* – qui en aura les moyens – pourra régénérer son corps dans une humanité neuve et qui ne vieillira plus[1].

Dans la Silicon Valley, on y croit dur comme fer. On s'y prépare. Tous ces entrepreneurs devant l'éternel ne courent plus seulement après l'argent. Ils en ont trop. Ils sont cousus d'or. Ils recherchent autre chose. Ce sont les nouveaux maîtres de nos vies, ils sont hors de tout contrôle et s'essaient à la métaphysique. C'est leur luxe. Ils s'occupent à tuer le temps. À faire en sorte qu'il ne soit plus inexorable. Nous aurons une humanité toute de certitudes, mais qui n'aura plus de sentiments. L'éternité du présent, c'est long, « surtout vers la fin », comme dit Woody Allen.

Certains des protagonistes s'inquiètent de l'évolution de ces nouvelles technologies orgueilleuses. C'est le cas du cofondateur d'Apple : « Les ordinateurs prendront le contrôle sur nous, pauvres humains, il n'y a pas à s'interroger. Si nous construisons ces appareils pour s'occuper de tout à notre place, finalement ils vont penser plus vite que nous et ils se débarrasseront des humains trop lents pour diriger les sociétés plus efficacement. Serons-nous les dieux ? Serons-nous les animaux de compagnie ? Ou

1. Antoine Bueno, *Futur – notre avenir de A à Z*, Flammarion, 2020.

serons-nous des fourmis qui se feront piétiner ? Je ne sais pas[1]... »

Le déshumanistan est en marche. On nous a confinés dans un état végétatif. On nous a fait vivre comme des *bêtes*, et maintenant, on veut nous transformer comme des *machines*...

Blaise Pascal, en laissant parler son génie, avait anticipé, par une mise en garde générale, les dérives de notre temps : « Connaissez-donc, superbe, quel paradoxe vous êtes à vous-même ! Humiliez-vous, raison impuissante ! Taisez-vous, nature imbécile ! Apprenez que l'homme passe infiniment l'homme et entendez de votre Maître votre condition véritable que vous ignorez. »

Le transhumanisme est une monstruosité et une imposture, une idéologie nouvelle qui échouera. Et pour une seule raison : elle va buter sur un problème majeur que Google et les autres apôtres du *reset* économique et technologique ne pourront jamais anéantir, c'est la *conscience*, la conscience humaine. Il n'y aura jamais de greffe possible, il n'y aura jamais de machine consciente. On pourra prothéser peut-être, de pied en cap, mais on ne pourra pas fabriquer de prothèses pour la conscience. L'homme *augmenté* sera un homme *minoré*, un hybride machinal et désespéré. Il ne pourra ni douter ni s'émerveiller.

Il faut remettre de l'humain dans ce monde, retrouver la bonne échelle, redonner à la vie ses fragilités, sa poésie, son humanité. Je préférerai toujours mon petit Liré à leurs délires, je préférerai toujours à leurs robots

1. https://www.afr.com/technology/apple-co-founder-steve-wozniak-on-the-apple-watch-electric-cars-and-the-surpassing-of-humanity-20150320-1m3xxk

mes patries charnelles. Je préférerai toujours Bernanos à Jeff Bezos. « La Civilisation mécanique finira par promener autour de la Terre, dans un fauteuil roulant, une Humanité gâteuse et baveuse, retombée en enfance et torchée par les robots. »

XV

Le dîner du dévoilement

En ce dimanche soir 3 mars 2019, je m'absente du monde extérieur. Je suis devant ma télé… C'est l'heure sacrée du match du Barça. Une des dernières émotions artistiques de notre temps. Quand Lionel Messi est à la manœuvre, je ne suis pas dérangeable.

Mon téléphone sonne… une fois… deux fois… trois fois… Je laisse le vibreur s'égosiller dans le vide. À la mi-temps, je vois un prénom qui s'est inscrit avec insistance : Brigitte. Je rappelle.

– Désolé… j'étais avec le Barça… avec le Messi…

– Et moi, j'étais avec mon Messie à moi… Pardon, cher Philippe, je voulais seulement m'enquérir de ce que vous aimez. C'est pour demain soir…

Je ne comprends pas bien la question. Ah oui, elle parle du dîner… Je réponds avec un brin d'ironie chaleureuse :

– Je ne suis ni vegan ni antispéciste. J'aime tout, le porc gaulois… la cuisine française…

– On pourrait peut-être dépayser un peu le menu ? Qu'est-ce qui vous ferait plaisir ?

– Alors, si vous insistez, oui… une petite pêche miraculeuse... mais je ne veux pas imposer mon choix... Peut-être qu'Emmanuel...

– Il aime les huîtres... alors, c'est parfait...

Le lendemain, à l'heure convenue, j'arrive à l'Élysée. Brigitte m'accueille sur un perron discret. En attendant le maître des lieux, occupé aux affaires de l'État, la première dame me propose une petite visite, au pas de charge, des coulisses de ce qu'elle appelle « l'Élysée relooké ».

– On a souhaité lui donner un coup de jeune. Venez... regardez. J'ai voulu changer d'air et changer d'ère... laisser entrer la lumière. J'ai choisi moi-même les œuvres au Mobilier national.

Brigitte m'entraîne à sa suite. Elle est chez elle, cela se sent... Nous traversons le salon des Fougères où elle a installé un bureau tout neuf, gainé de cuir, puis elle me conduit dans la nouvelle salle des fêtes. Les lourds rideaux en velours rouge carmin qui datent de tante Yvonne ont disparu. Je découvre une nouvelle tapisserie de laine et de soie, aux motifs bibliques :

– Elle est touchante, cette tapisserie de Mardochée, n'est-ce pas ? C'est Emmanuel qui a voulu cette œuvre, qui fut commandée par Louis XV aux Gobelins.

En fait, je comprends très vite que Brigitte a trouvé là l'occasion de faire travailler les corporations d'artisans d'art. Il y a partout de l'élégance, de la sobriété, de l'éclaboussure, de la modernité.

La maîtresse de maison m'invite à la suivre pour l'apéritif dans le salon des cartographies. C'est sa fierté, elle a tout refait à neuf. Je retrouve une toile de Degottex que j'ai connue à la rue de Valois, au ministère de la Culture. Une abstraction lyrique de belle facture. Elle me présente les fameux « Javels » de Gardair. C'est elle qui a choisi les luminaires de Van Der Straeten. Les fauteuils sont inconfortables mais dans le ton du même éclectisme flamboyant. On est à l'ère du design aérodynamique. Ça sent le numérique… Elle ne cache pas qu'elle a fait place nette.

Habillée de pied en cap en Vuitton, c'est une femme moderne et qui ne manque ni d'humour ni d'à-propos :

– J'ai viré les bergères de Pompidou…

Près d'une console – de Wilmotte – se trouvent les alcools. Le serveur me fait signe de choisir. Je réponds, en regardant Brigitte avec malice :

– Comme d'habitude…

– Un pastis ?

– Oui.

Il n'y a pas de pastis. Elle se pince la lèvre. On ne boit pas de pastis ici. On me propose un whisky. Je n'aime pas le whisky. Alors, on m'apporte un verre de rouge. Comme à la campagne. On en rit… Incident clos.

En attendant qu'Emmanuel nous rejoigne, Brigitte et moi, nous devisons sur les humeurs du temps… Elle me glisse :

– Parlez-lui franchement. Il lui manque des capteurs. Il le sait et s'en désole.

Elle me confie que, tous les deux, ils ne pensaient pas que ce serait si dur… Elle paraît détendue certes, mais soucieuse pour « son homme ». Au bout de quelques minutes, elle me confie :

– Nous avons découvert ce que c'est que la *peur* physique…

– Ici, à l'Élysée ?

– Non, à La Lanterne, à Versailles. Surtout, le week-end du 24 novembre dernier. Il y a eu une indiscrétion, les

Gilets jaunes ont voulu marcher vers nous pour ramener « le petit Mitron »...

Les confidences s'arrêteront là. Car le « petit Mitron » arrive. Le salut est chaleureux, l'atmosphère est amicale. L'ambiance générale, dans le pays, porte à l'inquiétude, cela se lit sur les traits tirés. Je remarque tout de suite que le Président, à force d'encaisser les coups, a désormais les tempes prêtes à cendrer, le front se dégarnit légèrement. Il a quelques traces de ronds-points sur le visage – les premières rides –, le creux des yeux soucieux d'un jeune homme qui découvre la haute mer. Il se dit impatient de m'entendre et heureux d'avoir du temps pour échanger nos points de vue.

Cette entrée en matière me touche mais je ne veux pas me laisser aller à l'effusion, je garde intacte, au fond de moi, la résolution avec laquelle j'ai voyagé de ne pas céder au jeu des séductions faciles. Pas question de me montrer accommodant. Je veux lui parler au nom du pays qu'on n'entend pas, avec les mots qui ne viennent jamais jusqu'à lui, je suis venu lui dire ce que personne n'ose lui dévoiler, je vais aller au contact – comme on dit au foot –, briser tous les tabous sur les questions qui dérangent ce qu'il lui reste de tranquillité d'esprit.

L'apéritif dure longtemps : nous parlons de son futur voyage en Chine, Brigitte multiplie les amabilités et les phrases délicates. Elle sait que nous allons, en changeant de pièce, entrer dans le bois dur. Mais elle feint de ne guère s'en soucier. Elle regrette tellement que la « franchise soit une vertu intermittente en ce palais des âmes obliques ». Elle se dit lasse de serrer des mains moites et d'entretenir, d'un sourire figé, des bâtons de guimauve. Elle se sent en prison, entourée de non-dits. Je la rassure. Il n'y aura pas de non-dits, on va se parler franchement. Elle va être servie. C'est justement l'heure où l'huissier lui glisse à l'oreille que le dîner est prêt. Nous rejoignons, par un large couloir tapissé d'abstractions et de coloris excessifs, la petite bibliothèque pour le souper intime.

Sur la table, comme promis, la mer est déjà là. Le service a déposé un magnifique plateau décoré d'« algues naines », orné de pinces de crabes impressionnantes. Je n'ai jamais vu de ma vie des pattes de cette taille. Emmanuel et Brigitte sourient de croiser mon regard ahuri, épaté. En forme de réplique, je me laisse aller – c'est plus fort que moi – à une petite espièglerie métaphorique sur les crustacés :

– Voilà bien ce qui vous manque : des gros crabes bien pleins, des Charasse, des Ponia, des Pasqua... Autre chose que les fretins d'En Marche. On ne traverse pas la mer Rouge avec des crevettes roses...

Emmanuel a le fou rire. Ah, si Castaner nous entendait ! Brigitte glousse. Elle lui dit tous les jours qu'il n'a ni truffiers ni chiens d'avalanche.

Dans un geste délicat et cérémonieux, il a éteint son portable. Disponibilité totale. J'apprécie. Il s'amuse de me voir à mon tour fermer mon téléphone à clapet, l'engin l'enchante. Une antiquité. Je glisse simplement :

– Vous pouvez rire de cet appareil... Dites-vous bien qu'avec ce portable de maçon portugais, je ne risque pas d'être écouté par les Américains... quand je dis du mal de vous.

Brigitte s'esclaffe et prend la balle au bond :

– Eh bien, allons-y... cher Philippe. C'est le moment. Dites-nous *tout le mal* que vous pensez. La règle, c'est qu'on se dit les choses. On n'est pas là pour se flatter l'encolure. Notre amitié n'y résisterait pas...

Je suis soulagé. Un peu gêné quand même. Ça va dépoter... Ni retenue ni précaution... On ne va pas rester au port, on prend le large et, dès les premiers bigorneaux, on fend la vague de face. C'est l'avantage de ces couples modernes où on peut casser la vaisselle et la réparer dans la même soirée. Ils sont souples, ce n'est pas le verre de lampe de l'ancien temps. Alors je me jette à l'eau, je vais à l'abordage.

Les assiettes de langoustines vont vite voler, si l'on peut dire. La conversation va s'aigrir. Sur un sujet qu'Emmanuel n'attendait pas, le projet de loi de « procréation médicale assistée », qu'il veut absolument relancer, malgré les manifestations qui ont bousculé l'agenda élyséen. Emmanuel s'agace un peu mais il m'écoute. J'essaie de prendre de la hauteur et d'aller au fond des choses :

– Pourquoi cette boulimie de réformes ? Vouloir tout changer tout le temps ?

– Parce que la France en a besoin. Je ne suis pas là pour faire du cabotage...

– Emmanuel, vous vous trompez, la France a besoin de respirer, elle est profondément troublée. Il ne faut pas déstabiliser la société, vous tirez trop fort sur les ancres... Regardez votre taxe carbone, le mur d'incompréhension entre les « fins de mois » et les « fins du monde ». Vos prédécesseurs ont liquidé la classe ouvrière, avec la fameuse *mondialisation heureuse.* À vouloir tout changer en même temps, vous faites trembler les murs porteurs...

– C'est une question de justice...

– De justice ?

– Oui... entre les couples... entre les Français... les manières d'aimer...

– La France, c'est pas un self. Ni un laboratoire d'expérience. On n'est pas des cochons d'Inde. Votre job, comme vous dites, c'est la Main de justice, c'est la justice entre les débiteurs et les créanciers, la justice du temps long. Si on perd la filiation, on perd l'histoire... Un homme sans histoire devient fou... Pour une vieille nation comme la nôtre, c'est une infirmité supplémentaire, elle n'en a pas besoin...

L'échange s'accélère, les regards se crispent. Il ne veut pas lâcher et moi non plus. Deux berniques ventouses sur le même rocher. J'insiste :

– Les Gilets jaunes seront bientôt comme ces bulots gris, ils ne sauront plus d'où ils viennent. Ils tourneront sans fin autour des ronds-points en feu...

On laisse un instant les coquillages sur la grève. La mer devient verte... La mayonnaise pourrait tourner. Il y a comme des moutons d'écume. Ça tangue... La conversation devient houleuse. Emmanuel sent que Brigitte est plutôt sur ma ligne. Cela le met hors de lui. Je lis dans leurs yeux un semblant de coup de vent qui monte. Elle ne s'en laisse pas conter et s'impatiente. Elle veut intervenir, et d'un doigt levé, presse son mari qui lui fait signe de garder pour elle ses réflexions. Alors elle fend la lame :

– Emmanuel, il faut qu'on ait le droit, quand même, de ne pas être toujours d'accord...

– De ne pas être d'accord sur quoi ?

– Sur tous les projets en cours. J'écoute Philippe, je pense qu'il pourrait avoir raison. Ce n'est peut-être pas le moment d'infliger un nouveau traumatisme... Il y a déjà le grand Débat national... Toutes ces questions sociétales sont à incidence multiple.

Brigitte se tourne vers moi et renchérit :

– Vous savez, Philippe, moi, je viens d'une famille où

on n'aime pas trop bousculer l'esprit public, la quiétude provinciale... Je sens bien ce que vous voulez dire... Ce sont des sujets tellement compliqués...

Emmanuel est ulcéré. Le coq a le dessous. Il se braque, il perd ses nerfs. Brigitte lui signifie, d'un regard vaguement ironique, qu'elle n'est pas impressionnée. Elle murmure :

– Philippe a raison... Il faut l'écouter... Ce n'est pas le moment... Nos électeurs vont se lasser de tout ce gigotis.

Surprise... Emmanuel tonne, il lâche son casse-noix et jette sa serviette sur la table ronde, comme Khrouchtchev avait fait avec sa chaussure à l'ONU. D'un bond, il se lève, il va quitter la table... Il a déjà repoussé sa chaise en arrière d'un coup de genou.

Il croise mon regard effaré. Alors c'était donc cela le droit de tout se dire ? La PMA et la GPA sont des sujets tabous ! C'est comme l'affaire Dreyfus... « Ils en ont parlé... » Voilà un Président qui ne supporte pas d'être contredit par son épouse qui lui tient tête. Il va s'en aller ? Je repense à la chaise vide de Giscard : « Au revoir... » Il sent le pas de côté. Doucement, la chaussure tourne, il revient. Son intuition le ramène à la table. Brigitte lui adresse un sourire enjôleur :

– Emmanuel... de grâce...

Le vent retombe. L'alerte a été chaude. On a manqué de démâter et surtout de perdre le commandant. À voir Emmanuel penaud, on dirait un mousse qui a lâché la barre dans un océan de contrariétés trop grand pour lui. Cette colère soudaine, imprévisible, disproportionnée, est celle d'un enfant qui casse son jouet. Il ne tient pas l'échange. Il a un drôle de regard, il est halluciné

– enfin un peu plus qu'à l'ordinaire. Il me donne l'impression physique d'un jeune homme qui n'est pas fini.

Il reprend sa serviette, retrouve ses esprits, sans doute mal à l'aise à l'idée que je puisse rapporter cette scène de ménage à l'extérieur. Je le rassure en fermant les yeux, comme un vieux chanoine oublieux : c'est tellement énorme que personne ne me croirait... Pour renouer la conversation sans avoir à donner d'explication sur cette saute d'humeur que Brigitte a pris soin d'attribuer à la fatigue, il donne de l'allonge à l'échange et m'interroge sur les temps qui viennent :

– Selon vous, cher Philippe, la question centrale qu'il faudrait mettre au cœur du Grand Débat national que je viens d'ouvrir, c'est quoi ?

– La question « centrale » ? Vous voulez dire celle qui commande toutes les autres ?

– C'est cela même...

– Vous le savez bien, Emmanuel, je vous l'ai déjà dit à plusieurs reprises depuis trois ans, c'est le défi migratoire. Je vous ai suggéré et je vous répète qu'il faut faire un référendum là-dessus.

– C'est trop polémique. Reconnaissez que nous avons fait des efforts...

– Vous plaisantez ? Nous sommes submergés et vous venez de signer le traité de Marrakech pour une nouvelle vague mondiale...

– Non, c'est excessif. Et il faut voir le monde tel qu'il est. Les frontières n'arrêtent plus grand-chose ni grand monde. Il faut agir avec des mesures réalistes, sauf à mettre le feu. Il y a un État de droit... Et puis, ce n'est pas moi qui ai fait venir tous ces gens chez nous. J'ai hérité d'une situation difficile.

– Mais vous ne semblez pas voir que ce n'est plus

seulement une question de nombre. La société française est en train de basculer. Ce qu'on peut vous reprocher, Emmanuel, c'est d'avoir sous-estimé le *mouvement décolonial* qui s'organise sur notre sol. La « partition », François Hollande l'avait annoncée, vous êtes en train de l'acter...

– Nous n'en sommes pas là. Il faut, je dirais, de la « tempérance »...

– La tempérance est parfois une lâcheté. Pardonnez-moi, cher Emmanuel, je vais vous parler d'un dérapage familialement sensible. Votre phrase, à Alger, il y a deux ans, ce n'est pas de la tempérance, cette phrase est terrible...

– Quelle phrase ?

– Quand vous avez dit : « La colonisation est un crime », et que vous avez cru devoir ajouter : « un crime *contre l'humanité* ». Vous avez désigné la France, ses soldats, ses missionnaires, ses ingénieurs, ses instituteurs à la vindicte. Vous l'avez déshonorée... Les adversaires des grandeurs françaises ont suivi votre pensée et l'ont poursuivie : si la France *coloniale* est criminelle contre l'humanité, alors il est temps de la *décoloniser* chez elle, il revient aux accusateurs d'intenter un nouveau procès de Nuremberg... à Paris.

– Philippe, je n'ai pas été compris. Je le regrette... Mais je maintiens qu'un pays mûr tire toujours avantage à reconnaître les trous noirs de son histoire. La vérité grandit la nation adulte aux yeux de ses enfants... Elle est le marchepied de l'unité. Faire l'unité aujourd'hui, c'est rechercher le point d'harmonie. Que vous le vouliez ou non, cher Philippe, la France n'est plus tout à fait d'un seul tenant. Notre histoire est même intriquée avec l'islam. Nous sommes un des premiers pays qui a traduit le Coran. Nous sommes un des premiers pays à avoir ouvert dans le cœur de la capitale la Grande Mosquée de Paris...

– Vous parlez comme Chirac...

– Ah bon ? ça, c'est une nouvelle... et pourquoi ?

– Il m'avait asséné, ici même, dans le même bureau que vous, à l'Élysée : « Les racines de l'Europe sont autant musulmanes que chrétiennes. » À l'époque, il soutenait l'entrée de la Turquie dans l'Union européenne...

– Je ne dis pas cela... Je dis seulement qu'il faut tenir compte de la réalité. Éviter la sécession...

– La sécession ? C'est déjà trop tard. Les enclaves sont là... déjà séparées les unes des autres, nous sommes dans la phase d'après, celle d'une contre-société qui nous jauge et nous teste. Emmanuel, si vous me permettez, vous êtes le Charles Martel du pauvre, qui part avec une épée en carbone bénir la mosquée de Poitiers... L'ennemi ne veut pas *se séparer* de nous. Il est dans la conquête. Il se sent chez lui chez nous. L'idée d'une France décoloniale, c'est l'idée d'une France défrancisée par les nouveaux colonisateurs. Ce qu'ils veulent, c'est nous remplacer, nous soumettre. Vous et les élites françaises, vous avez déjà accepté la *diminutio capitis.* Vous êtes le chef des *dhimmis*... Vous êtes houellebecquisé jusqu'à l'os.

– Je ne vois pas les choses de cette manière, je ne crois pas que nous soyons en guerre avec l'islam...

– Vous avez raison...

– Ah... ah...

– Nous ne sommes pas en guerre avec l'islam. C'est l'inverse, et ce n'est pas une guerre ordinaire. Elle vient de loin. C'est le djihad, l'appel à la soumission. Nous sommes devant un phénomène de grande ampleur.

Nous assistons, impuissants, au deuxième grand mouvement dans l'histoire de l'islam. La deuxième conquête, la deuxième colonisation. La première avait été stoppée à Grenade en 1492, puis à Vienne en 1683. Il aura fallu des siècles d'invasion, puis des siècles de libération. Pour la Reconquista, pas moins de sept siècles... Dans ce deuxième mouvement, l'islam révolutionnaire rejoint celui des origines et vous ne voulez pas le voir. Vous ne voulez pas voir que, démographiquement, l'affaire est jouée et, surtout, que l'Europe est devenue précisément la terre à conquérir, le maillon faible...

– Pourquoi dites-vous le « maillon faible » ?

– À cause du vide identitaire. L'islam l'a parfaitement compris. Une civilisation qui perd le fil n'existe plus.

– Vous exagérez... Et surtout, vous amalgamez islam et islamisme...

– Non, pas du tout. Je pense seulement qu'entre les deux il y a un continuum, un pointillé. Comme le dit Rémi Brague, « l'islamisme est l'islam pressé. Mais il y a un islam patient, discret, méthodique ». La conquête peut être guerrière ou pacifique.

– Il faut tout faire pour les *intégrer*.

– Ce n'est pas le bon verbe.

– Ne jouons pas sur les mots...

– C'est vous qui jouez sur les mots. Pour cacher le réel et embrouiller le débat. Je vous ai entendu parler dans un gymnase, avant-hier, je crois, de *l'Accueil de l'Autre* dans une France *inclusive* et *équitable*. C'est le vocabulaire de Bruxelles et de Davos. D'ailleurs, j'ai relu, avant de venir vous voir, le programme d'En Marche : les mots « imam » et « mosquée » reviennent partout. Vous avez déjà cédé...

– Et vous, vous proposez quoi ? De fermer les mosquées et de mettre tout le monde dehors ?

– Non, moi, je propose de retrouver le vieux principe du Code civil : l'assimilation. La reconquête de la France par elle-même. L'islam est une civilisation, ce n'est pas notre art de vivre. Avec la charia, l'Oumma et le djihad, elle n'est pas soluble dans la nôtre. Si vous cherchez à installer durablement sur le sol français deux civilisations, dans un face-à-face impossible, nous aurons la guerre civile. Il n'y a, pour les musulmans, qu'un seul destin : aimer leur mère adoptive... Aujourd'hui, on n'ose pas leur donner la France à aimer. On la leur présente comme une marâtre, dont le seul destin serait de s'effacer.

Chacun de nous cherche à argumenter. Brigitte semble très attentive à mes coups de boutoir. Elle nous relance avec une question qui nous sort de l'analyse :

– Et quel est le rempart, maintenant qu'ils sont là ?

Je n'ai pas le temps de répondre. C'est Emmanuel qui tonitrue :

– Le rempart ? C'est la laïcité et les valeurs de la République... Le pacte national...

J'éclate de rire. Il s'offusque. Je m'explique :

– Emmanuel, la laïcité, c'est un code. Et seulement cela. On n'arrête pas une lame de feu avec un code civil. C'est un rempart de juristes, une digue de papier. Et c'est bien là le problème. Les djihadistes ont l'incandescence missionnaire, du feu dans les tripes. Et nous ? Nous n'avons plus pour nous défendre que la liberté d'expression et la laïcité comme boucliers, c'est-à-dire la neutralité, la culture de la béance raisonneuse et froide. Vous me faites penser à Viviani qui voulait la loi sans la foi, un socialisme sans le creuset où s'élaborent les générosités originelles.

Emmanuel me coupe, il connaît par cœur la citation fameuse :

– « Nous avons éteint les petites lumières qui brillaient dans le ciel… On ne les rallumera plus. » C'est cela ?

– Exactement. Sauf que les petites lumières d'aujourd'hui, elles sont rallumées chaque jour dans nos villes. Par les nouveaux fidèles… qui ont un Coran à la main, qui sont porteurs de bougies en stock venant de nos églises désaffectées, la cire est fournie par les social-sacristines, au nom des « valeurs de la République ». Quel rempart !

À plusieurs reprises, Brigitte prend à son compte mes inquiétudes. Elle se plaint à son tour du voile des petites filles, du naufrage de la culture française et de la civilisation occidentale… Mais elle souligne que son mari n'y est pour rien, que nous glissons sur la même pente depuis deux quinquennats au moins, celui de Sarkozy et celui de Hollande.

Je me permets de rectifier et d'élargir le zoom :

– À ces deux *quinquennats*, vous pourriez ajouter plusieurs *septennats*…

La soirée est finie. Nous nous quittons sur le perron. J'ai compris, ce soir, le fameux « en même temps ». En fait, c'est elle et lui. En même temps *elle* et *lui.* Elle est à tribord, plutôt classique, un brin conservatrice, elle vient du théâtre de province. Elle penche à droite. Lui est un éclectique, un parieur de l'instant, il vient du numérique. Il penche à gauche, il prend son risque. Je me dis que peut-être… enfin, on verra bien. Deux jours plus tard, je l'entends parler d'une voix un peu plus ferme. Mais très vite, il est repris par l'esprit du temps.

Il revient à sa fameuse proclamation de Marseille : « Il n'y a pas de culture française. » Il n'a pas le goût de la France. Ce pays est trop vieux pour lui. Pas assez digital, pas assez mobile, trop classique, trop provincial, trop couturé. Il veut le refaire, le réformer, il y tient, ce sera aux forceps. C'est son *reset* à lui et son *cancel* intime. Il est d'un autre monde, le monde à venir, le monde numérique.

XVI

Insurrection

Il y a « eux » et il y a « nous ».

« Eux », ils nous surveillent et ils perfectionnent l'outil ou plutôt l'attirail. Ils pêchent au vif les récalcitrants, aussi facilement qu'on attrape les grenouilles avec une lampe-tempête.

« Nous », nous ne sommes pour eux que la petite crapaudaille apeurée, enfouie sous la pierre.

« Eux », ils éliminent du forum sans aucun scrupule toute voix discordante.

« Nous », nous n'osons pas broncher. Nous sommes passés sous la moquette du docteur Knock. Nous sommes malades d'être malades…

« Eux », ils ne voulaient plus qu'on trinque en soirée, ils se méfiaient des conversations civiques au café ainsi que des réunions de famille à Noël. Ils ne croient plus trop que les peuples ont quelque chose en commun de supérieur aux solitudes agglomérées. Ils ne croient plus aux nations, ils croient aux individus. Ils ne croient plus au temps long, ils croient à l'instant. Ils ont construit un monde à leur image. J'ai entrepris d'en restituer la chronique, au fil des pages que vous venez de lire.

Leurs intentions sont simples à résumer, il suffit de

ramasser les petits cailloux noirs sur leur chemin d'errance : ils voulaient un monde d'un seul tenant uniforme, sans frontières, les uns par intérêt – pour ouvrir un marché planétaire de masse – les autres par idéologie – pour remplacer « les murs par des ponts ». Ils connaissaient le risque inhérent à ce monde sans cloisons : la circulation rapide des microbes et virus. Ils savaient que ce monde-là serait hautement pathogène. Ils le savaient et ils s'y préparaient. Ils attendaient la pandémie, ils la voyaient venir. Ils l'attendaient comme une formidable occasion à saisir, ce qu'ils appelaient « une fenêtre d'opportunité ». Les uns par calcul – la numérisation du monde au service de leur rente –, les autres par inclination – l'accélération de la surveillance.

Comme espéré, comme attendu, ce fut une aubaine, une occasion rêvée. Pour pouvoir tout chambouler en un seul clic. Pour tout changer, changer la société, changer *de* société. Et préparer la grande mutation vers le contrôle total afin d'imposer enfin leurs codes, leur esthétisme *woke*, leur idée du Bien total.

La « grande remise à zéro » est en route, ainsi que le grand bouclage. Heureusement, il y aura toujours les samizdats. Ils circulent sous le manteau, de la main à la main. Un compte Twitter se ferme, un autre ouvre... Ce sont les écrits de la dissidence, la petite respiration des derniers esprits libres...

Bientôt, un livre comme celui-là ne pourra peut-être plus paraître. Le Grand Inquisiteur de Dostoïevski est revenu parmi nous. Il parle pour notre temps : « Nous arrivons à les convaincre qu'ils ne deviendront libres qu'au moment où ils renonceront pour nous à leur liberté... Le troupeau se réunira encore une fois et il se soumettra à nouveau et, cette fois, pour toujours. Alors, nous leur donnerons un bonheur calme et humble, le bonheur des créatures sans force, telles qu'elles ont été créées. » Prescience de l'écrivain génial... Nous y sommes. Le Grand Inquisiteur est chez lui sur la Toile. Il est de connivence avec « eux ». Ses algorithmes nous surveillent en temps réel.

Il y a donc « eux » et « nous ».

« Eux », ils avancent masqués, et « nous », nous avons l'esprit confiné. Nous sommes enclins à tout accepter. Nous pensons qu'en leur confiant notre liberté, ils vont nous la rendre plus grande, plus épanouie.

L'esprit du temps est à l'insouciance. Et pourtant, ce que nous avons vécu, c'est, dans l'invisible de nos vies claustrées, l'accélération d'un basculement de civilisation à l'œuvre depuis plusieurs décennies. Avec trois renversements de grande ampleur : un renversement *anthropologique* : les boomers ont sacrifié la jeunesse, comme ils avaient condamné leurs parents, ils ont tourné le dos à la transmission, à l'avenir ; dans l'histoire de l'humanité, c'est une rupture inouïe. Un renversement *sociologique* : nous sommes passés d'une société de voisinage à une dissociété digitalisée. Un renversement *éthique*, avec l'émergence de l'identification numérique pour tous sous alibi vaccinal et pour aller vers la post-humanité.

« Eux », ils imposent à l'Occident une gouvernance mondiale, avec des puissances *privées* – Big Data, Big Pharma, Big Finance. La machine avance. Et « nous », nous la regardons qui arrive sur nous, elle pourrait nous broyer.

C'est pour cela que j'ai voulu sonner le tocsin. J'ai écrit ce livre avec une plume de feu, la peur au ventre, je l'ai écrit comme un petit manuel de réveil des consciences et de résistance, pour donner du courage à ceux qui veulent encore vivre debout. Pour leur dire : « De grâce, ne lâchez pas la rampe. » Levez-vous, n'acceptez plus qu'on salisse notre pays, qu'on le défigure, qu'on le déshonore.

Peut-être parlera-t-on, dans quelques décennies, de « l'étrange défaite de 2020 ». Nous avons capitulé. Ils ont aliéné notre liberté. Nous avons accepté la fameuse « servitude volontaire » de La Boétie.

Mais est-il encore temps de sauver la liberté dans un pays qui a peur des mots du salut ? C'est la grande question des mois à venir. Dans l'histoire des hommes, il arrive que les libertés perdues ne reviennent jamais : la liberté de rompre l'ordre serré, la liberté d'éduquer, la liberté du quant-à-soi, la liberté d'exécrer ce qui nous ronge les sangs, la liberté de ses émerveillements, la liberté de s'embraser pour des causes supérieures à l'ordinaire des jours.

Nous sommes l'ancien peuple des Francs. *Franc* veut dire « libre ». Ah, si les Français pouvaient assumer ce qu'ils sont, ce pourquoi on nous regarde encore… Il faut que la France redevienne la France, tramée dans l'étoffe des songes. Il faut que la conquête change de sens, il faut une Reconquista !

Si nous avons du feu au cœur, on nous regardera différemment, ce feu-là embrasera tout ce qu'il touchera. Nous donnerons envie d'aimer la France à ceux qui ne la connaissent pas. Si nous osons parler de nos légendes, si nous célébrons nos héritages et la prosopopée de nos plus hautes figures, si on nous voit pleurer d'émotion et de ferveur sur les tendresses françaises, nous susciterons des *Français de désir.*

La première de toutes nos retrouvailles, c'est avec notre art de vivre : chez nous, on a des clochers, pas des minarets. On y respecte la liberté de changer de religion ou de n'en avoir aucune. Il y a une civilisation française, elle est ancienne, elle s'est polie au fil du temps, elle est sublime, elle est fragile, elle peut s'abîmer.

Nous sommes tous des débiteurs. La France est notre dette morale. L'enjeu est simple : la francisation ou la fin de l'aventure. Je rêve que chacun ait envie d'ajouter son sonnet au poème national, que chaque enfant vienne y forger l'anneau de sa mémoire. Mais pour aimer, il faut un aimant. Un aimant régalien. Un État respecté. Une autorité incarnée. Une société ressoudée. Nous n'y sommes pas. Nous n'y sommes plus.

L'histoire ne compte plus les temps bénis de belle humanité, les fulgurances, les élans, les sources d'eau vive qui composèrent la trame de civilisations aujourd'hui disparues.

Depuis ma prime jeunesse, je vis avec une brûlure, une cicatrice ouverte qui m'a donné à comprendre, à sentir la fragilité des trésors qu'on vous donne pour immémoriaux et qui, pourtant, viennent s'abîmer à vos pieds : je sais ce que c'est que la fin d'un monde, j'ai vu un petit monde se défaire, sombrer en trente ans. J'ai vu une langue disparaître et tout ce qui va avec. C'était le patois de chez moi – ma première langue. La verve, la gouaille, les personnages, les onomatopées, les proverbes, le cantique des jours, tout s'est éteint en deux générations. Il n'en reste rien.

Derrière la langue, qui sonnait comme un cristal inimitable, il y avait des mœurs, un art de dire, un art de rire, un art de pleurer, un art de répondre aux mésanges et aux chardonnerets, une manière d'apprivoiser l'ultime. Avec des gens rudes, simples, qui mettaient de la poésie dans chaque pas, dans chaque interjection et jusque dans les silences...

Cette langue était rassurante, elle tramait dans la civilité du temps ordinaire un peu d'atemporel, elle tissait en nous, de l'aube au crépuscule, des filaments d'éternité qui embellissaient nos vies. Quand je vois, aujourd'hui, qu'on brutalise la langue française, qu'on en défigure la graphie, qu'on abandonne notre patrimoine aux chardons amnésiques, j'ai peur de revivre le traumatisme en plus grand. On aura bientôt une France des pales métalliques géantes qui tournent au-dessus des témoignages de pierre moussue qui ne veulent plus rien dire. On aura privé un peuple de ses harmoniques.

Qu'adviendra-t-il des serments de nos pères, des mélopées intimes de nos saints et de nos héros, de nos lamentations, de nos agenouillements, de nos rimes gourmandes, de nos exultations, et même de nos intonations ? Depuis son rocher du Grand Bé, Chateaubriand nous a laissé une page prophétique sur la cancellisation de la culture : « Des peuplades de l'Orénoque n'existent plus ; il n'est resté de leur dialecte qu'une douzaine de mots prononcés dans la cime des arbres par des perroquets redevenus libres, comme la grive d'Agrippine gazouillait des mots grecs sur les balustrades des palais de Rome. Tel sera bientôt notre sort et celui de nos jargons. Quelque corbeau envolé de la cage du dernier curé franco-gaulois dira, du haut d'un clocher en ruine, à des peuples étrangers, nos successeurs : “Agréez les accents d'une voix qui vous fut connue.” »

L'ordre technosanitaire vise à modifier les réflexes de *l'homme social*. Il est grand temps de s'en prémunir. Il faudra réapprendre aux enfants de France que la souveraineté est un beau mot : on est souverain quand on est autonome, qu'on reprend le pouvoir sur sa vie, son corps, ses échanges, sa parole et sa pensée. Et qu'on cultive le primat du lien sur le bien, de la conscience humaine sur le Système. La France est en état de coma végétatif. Le monde entier, mi-inquiet, mi goguenard, attend qu'on la réveille. Car c'est à elle qu'il reviendra de donner le signal de l'insurrection de l'esprit. Sauvons la liberté, elle fera le reste.

Table

DU MÊME AUTEUR

AUX ÉDITIONS ALBIN MICHEL

Lettre ouverte aux coupeurs de têtes et aux menteurs du Bicentenaire, 1989

La Chienne qui miaule, 1990

Notre Europe sans Maastricht, 1992

Avant qu'il ne soit trop tard, 1993

La Société de connivence, 1994

Dictionnaire du politiquement correct à la française, 1996

L'Aventure du Puy du Fou, 1998

La Machination d'Amsterdam, 1999

Vous avez aimé les farines animales, vous adorerez l'euro, 2001

La 51e étoile du drapeau américain, 2003

Quand les abeilles meurent, les jours de l'homme sont comptés, 2004

Les Turqueries du grand Mamamouchi, 2005

Les Mosquées de Roissy, 2006

Le Puy du Fou, un rêve d'enfant, 2010

Les Secrets du Puy du Fou, 2012

Le Roman de Charette, 2012

Le Roman de Saint Louis, 2013

Le Roman de Jeanne d'Arc, 2014

Le moment est venu de dire ce que j'ai vu, 2015

Les cloches sonneront-elles encore demain ?, 2016
Le Mystère Clovis, 2018

CHEZ D'AUTRES ÉDITEURS

L'Europe autrement. Un projet pour l'Europe des nations
avec Georges Berthu 1999, F.-X. de Guibert

Une France qui gagne : la preuve,
2007, Éditions du Rocher

Le Puy du Fou, un rêve d'enfance,
2017, Éditions du Rocher

J'ai tiré sur le fil du mensonge
et tout est venu, 2019, Fayard

Les Gaulois réfractaires demandent des comptes
au Nouveau Monde, 2020, Fayard

Composition Nord Compo
Impression CPI Bussière en avril 2021
Éditions Albin Michel
22, rue Huyghens, 75014 Paris
www.albin-michel.fr

ISBN : 978-2-226-46199-5
N° d'édition : 24508/03 – N° d'impression : 2057851
Dépôt légal : avril 2021
Imprimé en France